JN180681

結果を出す人は、なぜつきあいが悪いのか？

川北義則

WAVE Pocket Series

WAVE出版

結果を出す人は、なぜつきあいが悪いのか？

はじめに　結果を残す人は、孤立を怖れない

「うちの上司はやさしい」

「先輩は温かみのある人だ」

そんな話を聞いたとき、人は会ったこともない「上司」や「先輩」にどんなイメージを抱くだろうか？

見るからに性格は穏やかそうで、親切そうで、つきあいやすそうな人間をイメージするはずだ。

だが、実際に会ってみると、たしかに言動に不快感を覚えることこそないものの、仕事の話などをしてみると、えてして、中味に乏しい人間だったりする。

「うちの上司は厳しい」

「先輩は冷たい人だ」

逆にそんな話を聞けば、おそらく神経質そうで、意地悪そうで、つきあいにくそうな人間をイメージするだろう。

だが、会ってみると、実は好印象で、拍子抜けしたりもする。そして実際に仕事をしてみると、じつにシャープな頭の持ち主で、仕事の進め方も的確であることが多い。事実、これまでも会社の利益に大きく貢献していたりもする。私から見れば、奇人でも変人でもイヤな人間でもない。これからも結果を残せる人だろうと感じる。

要は、上司や先輩についてコメントした人間の見方にこそ、問題があるのだ。結果を残せない人間が、結果を残す人間を羨んでいるだけの話なのだ。

『結果を出す人は、なぜつきあいが悪いのか？』

このタイトルを見て、首をかしげた方もおられるだろう。

あらかじめお断りしておく。ここでいう「つきあい」とは、会社、組織、あるいはプライベートな交友関係において、なんら主張を持たずに、ただ多数派についたりする姿勢を指している。むやみやたらに人とのつきあいを断てとか、人嫌いになれといっているのではない。別な表現をすれば、「自分が思う自分」あるいは「そうありたいと願う自分」が損なわれるようなつきあいを指しているのである。

つまりは、そういうつきあいに一線を画す生き方をするべきだといいたいのだ。そういう人こそが、仕事の場で成果を上げ、プライベートなシーンでも、そうでない人間よりも意味のある生き方ができるといいたいのだ。

どんな間柄でも、納得できない相手の言動には、私は即座に異議を唱える。

もちろん、感情を露わにするようなことは滅多にないし、TPOに応じて言い方は考える。相手が人生経験の浅い若い人であれば、その諭し方も比較的穏やかになる。だが、相手の言動があまりに常軌を逸したものであれば、遠慮はしない。

たとえ、大切なビジネスパートナー、長年親しくしてきた相手であっても、である。

とにかく、「なあなあ」のつきあいが嫌いなのである。

もちろん、いつもピリピリして他人と向き合っているわけではないのだが、腹に疑問や不満を溜めておきたくないのだ。プライベートな関係においても、それを放っておけば関係を悪くする種になってしまう。自分が異議を唱えることによって、相手が離れていくのなら、それだけの間柄だったということ。それはそれで仕方がないと思っている。

仕事のシーンでは、なおさらである。

仕事の場は趣味のサークルでも、お茶飲み話の場でもない。それぞれの人間が結果を出し、組織の利益の一部を分かち合う場にすぎない。組織の利益が最優先される場だ。冷たい、非情といわれようが、である。

「ひと言でいえば、最近は年代を問わず、組織の人間関係が幼稚になりましたね」

ある有名企業の部長職を務める知人がいう。同期の人間に比べてかなり速いスピードで昇格した男だ。聞けば、部下に仕事上のさまざまな指示を与えたり、ほかの部署で同じ役職にある人間と共通の課題について話したりする際、しばしば困惑するというのだ。

彼としては、ムダな情実を交えずに、会社の利益に寄与することを第一に考えて、シンプルかつ有効なコミュニケーションを図りたい。しかし、相手は課題の本質を議論するよりも、感情的なコメントに終始するのだという。

さすがに部下は表立って反論することはないものの、同僚に愚痴を漏らすらしい。あとになって周辺から聞こえてくるのだとか。

「まっとうな異論、反論ならいいのですが、『部長は冷たい、厳しい』『飲みにも誘ってくれないし』といったものばかりで……」

同じ役職にある人間にも、少なからずその傾向はあるという。「上の考えもあることだし」「そう堅苦しく考えないで」とか、「ゆっくり飲みながらでも」といった具合だそうだ。

これでは、ビジネスマン失格だろう。困った風潮である。

最近、折に触れて「支え合う」「ひとりじゃない」にはじまって「絆」という言葉に代表されるように、他人との結びつきの重要性を口にするシーンに遭遇する。

それ自体は結構なことで、とやかくいうことではないだろう。だが、それは社会で生きていれば、「いわずもがな」のことではなかろうか。声高に美談仕立てにして強調することではない。

私が気になるのは、そうした他人との結びつきをやたらと強調することが、個としての自分の主張や責任を曖昧なものにするための言い訳になっていないかということだ。仕事のシーンであれ、プライベートなシーンであれ、理由もなく他人に迎合し、事なかれ主義最優先で多数派に身を寄せる。そんな生き方をする人間が増えてはいまいか。

私はそんな生き方はご免である。

たとえ、孤立したとしても、それを喜んで引き受ける。「つきあいが悪い」と多数派から突き放され、孤立することもあるかもしれない。だが、私は意に介さない。偽りのやさしさに逃げ込んだり、惑わされたりしたくはない。仕事、プライベートのどちらであっても、自分という「個」を大切にしたいのだ。

本書は、そんな私の考え方を、さまざまなシチュエーションを例にあげながら、わかりやすく述べたものである。読者の方々のお役に立てれば、望外の喜びである。

本書の刊行にあたって、ＷＡＶＥ出版編集部の設楽幸生氏に並々ならぬご助力を頂戴した。末筆になるが、感謝の意を表したい。

二〇一七年一月

川北義則

結果を出す人は、なぜつきあいが悪いのか？●目次

第2章　善悪にこだわらない生き方をしてみる

第3章　勝ち負けが決まるとき

第4章 決断に情けはいらない

第5章

モテる男女は冷徹である

どうせなら偽悪者を装ってみる
理屈抜きに「ダメなものはダメ」といえるか
朝令暮改を恐れてはいけない
「中小企業の一つや二つ……」は正しい
愛は幻想、人には惚れるだけでいい
嘘は「やさしさのため」だけに使え
下心のない人間などいないと思え
男女の仲はバクチと同じ
利害でつきあったほうがうまくいく
「死んでしまいたい」と言われたとき

第6章

利用できるものは大いに利用しろ

ギブ・アンド・テイクを受け入れれば楽になる

金持ちでいたいなら、ドライになれ

「自分は人がよすぎる」と思っているなら

どこまで「負けたふり」ができるか

本当の気高い魂を養って生きたい

［編集協力］石井康夫
［装丁］奥定泰之
［ＤＴＰ］ＮＯＡＨ

第1章

なぜ、結果が出せないのか

生き残るために強くなれ

誰にも依存せず「他人は他人、自分は自分」と覚悟を決める。
一匹狼の気概を持てば、自ずと闘争本能が芽生えてくる。

ビジネスマンに限らず、生きていくためには、人間的な「強さ」が必要になる。打たれ強い人間にもならなければいけない。

一方、弱い人間はどうしても流される。

ある会社で、新入社員を受け入れて一年もたたずに、希望退職者を募るという事態があった。入社したばかりの新人たちは、みんなショックを受けた。喜び勇んで入社してきたのに、人減らしをするのだから、気分が萎えるのは当然だろう。彼ら、彼女たちの落胆は計り知れない。

だが、そんななかで新人たちを励ます一人のベテラン社員がいた。創立当初からいる生え抜きの社員で、社内の人望も厚かった。

「大丈夫だ。会社はきっと立ち直る。安心しろ」

そんな彼の言葉で、新人たちの動揺はひとまず収まった。

ところが、希望退職者の名簿が発表されて新人たちは再び愕然とした。あれだけ励ましてくれたベテラン社員の名前が、その中にあったからだ。

「何だよ。自分は辞めるのかよ。あの励ましはいったい何だったんだ」

新人たちが、ハシゴを外されたように感じたのは当然だ。

だが、これは新人たちが未熟で弱い証拠である。

ベテラン社員がどうしようと、それはその人の勝手。人は人、自分は自分。そもそもベテラン社員が新入社員たちを励ますことと、彼自身が希望退職に応じることに、直接の関係はない。

この程度のことでいちいちショックを受けているようでは、とてもビジネス社会のドライさにはついていけないだろう。かりにベテラン社員に悪意があって、会社が危ないのを知りつつ、新人たちに嘘をついていたとしてもだ。

近年、個々人にはいろいろな原因があるだろうが、全体的にみんな「ひ弱」になっているのではないかと思う。ネットの相談サイトを見ていると、それがよくわかる。

「上司が自分ばかり叱ります。とくにミスが多いわけではありません。少なくとも同僚の何人かは、そう言ってくれます。同期が三回に一回ミスをしても笑ってすますのに、自分が一〇回に一回ミスをすると……」

こんなことで真剣に悩んでいるとしたら、ビジネスマンとしては失格だ。上司に叱られるのが不満なら、叱られないようにするか、その不満を直接上司にぶつけてみればいい。

そもそもビジネスの世界は、叱られてナンボという面もある。見込みのある人間ほど叱られると心得るべきだ。叱られながら育っていくと言っていい。中には無意味に叱る上司もいるが、そんな上司に仕えるのも修業のうち。耐えることは試練と思えばいい。そうした経験が、負けん気の強さや闘争本能に磨きをかけるからだ。

だが最近、新入社員の離職率も高い。

厚生労働省の統計では、大卒でも三年以内に辞める社員が三〇%以上もいる。就活であれだけ苦労しているというのに、三人に一人は三年以内に辞めていく。もったいないではないか。

人は、他人に依存せず一人で生きていく強さを持っていなければいけない。言わば一匹狼の強さだ。たとえ周囲からどう思われようと、頑なに結果だけを求めて自分のやるべきことに邁進する。本来なら一人ひとりが、そうした闘争本能に磨きをかけていくのがいい。

職場で上司がどうのこうのと言っていると、愚痴をこぼすようでは、情けない。

「厳しいビジネス社会で生き残りたい――」

少しでもそんな気持ちがあるならば、もっとしたたかに、貪欲に、自分のためだけに生きてみたらどうか。周囲には、礼儀さえ守っていればいい。

入社したては誰でもひ弱なものだ。それはそれでいい。

だが、試練を乗り越えて強くなっていく。経験を積むことが大切だからだ。先ほど例に出した会社の新人たちは、いきなりよい試練にめぐり合ったともいえる。世の中はそういうものだと、ひとつ勉強したともいえる。

励ましてくれたベテラン社員を「ズルい、卑怯だ」と罵るだけなら、まだまだひよっ子の証。むしろ「すごい人だ」と感じるくらいでないと、この世の中は渡っていけない。

・人に頼るな、自分の足でしっかり歩け

ビジネス社会はドライだから面白い

「厳しすぎる」「ついていけない」「オレにできるかな」くらいは当たり前だと受け入れる。結果を残す人は助け合いの精神など、決してあてにしない。

「そんなに会社に尽くして何が楽しいの？　バカみたい」

人が仕事に熱心に取り組むのは、それが面白いからだ。

男の立場からいえば、女房や彼女から冷ややかな言葉をぶつけられてもやめられない。

お金のため、女房や子どものためだけに仕事をしているわけではない。

仕事のどこが面白いかは人によるが、アンケートでは、「やりがい」「達成感」という言葉をよく見かける。これはゲーム感覚に近い。

いつも意識しているわけではないが、飽きずに仕事に夢中になれる男はゲームに参加しているような気持ちなのだ。仕事にゲーム感覚を抱くようになればしめたもの。困難を困難と思わなくなる。

一方で、うまくいっているときは気分よく仕事をしているのに、少しつまずくと、すぐに投げ出すようなタイプはまだゲーム感覚の域に達していない。

ビジネスをゲーム感覚で取り組むためにも、人生観そのものにも一種のゲーム感覚を持てばいい。逆に「仕事がつらい」「したくない」と感じる人は、自分の人生観から見直したほうがいい。

仕事経験がまだ浅い人間は、ビジネス世界のドライぶりを「厳しすぎる」「ついていけない」と思うかもしれない。だが、社会全体の仕組みもまたドライなのである。人間、どこへ行ってもそこからは逃れられない。覚悟を決めて向き合うしかないのだ。

ユニクロの柳井正社長は「非情な経営者」といわれている。

彼の経営方針をインタビューしたジャーナリストは「新規事業を立ち上げるときに撤退基準を明確化しているのがすごい」とほめ称えていた。

「こうなったらやめる」としっかり頭に描いてスタートするのはさすがと思うが、こんなことは麻雀が少しできる人間なら、みんなが自ずとやっていることではないか。麻雀というゲームは「どこで勝負を降りるか」が結果の勝敗を左右するからだ。

きっと柳井氏もビジネスにゲーム感覚で取り組んでいるのだろう。

始めた仕事がうまくいかないのに、「せっかくだからもう少し様子を見よう」とか「ここまで苦労したんだ。そう簡単にあきらめられない」という人は、きっと麻雀が弱い人、勝負事に弱い人なのだろう。なぜなら自分の気持ちを優先しすぎて、引き際を誤るからだ。

かりにビジネスがドライではなく、お互いに不毛な競争を避け、共存共栄を目指す「やさしい」もので、譲り合い、助け合いの世界だったとしよう。だが、それはかつてのソ連でうまくいかなかったと、歴史がすでに証明している。

人がそんな社会の中で競い合うのは、まさに本能ともいえる。だからこそ、ある一定の分野で成功を収めている人というのは、ビジネスにそこまで熱くなれるのだ。ビジネス社会は情が通じないから面白いともいえる。甘ったれたことは通用しないのである。

人間には競争を好むところが拭いがたくある。会社の出世競争を見て「くだらない」と思うのは勝手だが、競争する楽しさがわからなければ、その人はずっとうだつが上がらないまま、一生を送るはめになる。

・成功者ほど競争を楽しんでいる

他人の批判ばかりしていてはダメだ

批判したい気持ちは封印すること。敵を元気づけることさえある。そして、批判ばかりする人間は、知らず知らずのうちに輝きを失う。


理由の如何を問わず、他人を批判すべきではない。

福沢諭吉も「みだりに人を批判するな」と言っている。なぜか。

批判は、相手の成長の糧になるからだ。

「我を謗《そし》るものは当座の師」という言葉があるように、批判されると至らない自分を反省することができる。わざわざ敵に塩を送る必要はない。

たとえば、政治の世界を見ればわかるが、批判する側はいつも野党である。与党は野党の批判に耳を貸すだけ。どんな世界も批判する側より、批判される側のほうが強い。これは当たり前だ。批判される側は、相手の批判が的を射ていると思えば、その内容を吟味して修正すればいい。指摘されたことを見直すだけでますます成長できる。

批判される側は、いつもしたたかなのだ。

批判があれば黙って聞いておく。納得できれば素直に聞き入れ、自分の肥やしとする。相手が邪魔になるようであれば、無視すればいい。あるいは切って捨てればいい。何か聞かれたら「惜しい人を失いました」と殊勝に答えておく。最後の最後まで、批判などおくびにも出さない――。

ドライな生き方とは、こういうものだ。あなたがもし人を批判したくなったら、「敵をわざわざ鍛えてやる必要はない」と思い直したほうがいい。

どんな職場にも不満分子が少なからずいて、とかく批判や非難をしたがる。表向きはもっともらしい理屈をつけるが、一皮むけば批判のための批判。つまりはケチをつけたいだけのことがほとんどだ。

そういう輩はすぐに仲間を増やしたがる。「そうだろう。そう思わないか」などと徒党を組んで批判をすれば、少しでも効き目があると思うのだろう。しかし、口車に乗ってはいけない。そのときは勢いがあっても、それは批判される側がガス抜きとして許している場合があるからだ。

ときに批判が功を奏して、反対勢力が権力を握ることもある。

多数決の原理で成り立っている民主主義国ではそうめずらしくもない。数年前、長らく批判勢力だった民主党が、政権政党になったのは記憶に新しい。

だが、蓋を開けてみればどうだったか。結果は惨憺《さんたん》たるものだった。とりわけ面白いのは、そんな民主党が野党に戻ったとたん、批判勢力としてイキイキし始めたことだ。与党時代は目を覆う体たらくだったのが、野党に戻ると、心なしか輝きを増した。

批判する側にいるときに輝くのは、決してほめられたものではない。

他者を批判することでしか、自分の存在意義が見出せないからだ。そんな人間は哀れでもある。格下の証拠だ。そんな生き方では決して大成できない。かのナポレオンは、こんな名言を残している。

「偉大な人間は人がほめようが、批判しようが動じない。いつも良心の声を聞いている」

生き方として私がすすめたいのは、損なことでも黙って引き受ける。つらくても泣き言は言わない。その代わり、安っぽい同情は一切しない。そんな同情は、されても受けつけない。そんな生き方だ。

・批判するのは、格下の証拠

「人間味がない」と言われてもひるむな！

その言葉に騙されていないか？　正しいと思うなら、人目を気にせず冷徹に自分を通すこと。偽りのやさしさなど、何の役にも立たない。

「あの人、人間味に乏しいのよね」

そんな言い方をされてもイラッとしてはいけない。

「それがどうした」という態度でいればいい。

人間味とは何か？　ふつうはやさしさや思いやりのことだが、それらは人間性の一面であって、すべてではない。とかく人間味があるとかないとか言われやすい世の中、便利な言葉でもある。

やさしさだけが人間味ではないだろう。たとえば冷徹さも立派な人間味の一つではないか。最初から一つの固定観念に縛られていて、それに合致しないと「人間味がない」と批判するのは、視野の狭い人間のすることだ。

冷静な人間は、自分の感情を抑えて振る舞おうとする。それゆえ「人間味に欠ける」という批判にさらされやすい。

まして職業上のことから、やさしさや思いやりを発揮できない場合だってある。金貸しなどはその典型だ。正当な督促をしただけで、理不尽な言葉で罵られたりする。貸した金を返さない。人間味がないのは、いったいどちらかと言いたくなる。

一般に「あいつは人間味に欠ける」と言うときの人間味とは、人間性そのものではなく、誰もが好ましく感じる側面のことだろう。

やさしさや思いやりはその代表的なもの。協調性とか笑顔とか感謝、礼儀、ルール遵守なども広義には入るだろう。

ある人から見れば人間味に欠ける振る舞いが、その人にとっては人間味のある振る舞いだったりもする。

たとえば病気見舞いなどもそうだ。行かないほうがいい見舞いだってあるのだ。

もともと人間味、人間性というものは、外側からだけでは判断しにくいもの。であれば、人のことをやたらに「人間味に欠ける」などと言わないほうがいい。

たとえば、教師による体罰問題がそれだろう。いまの時代、しつけと称して生徒に手を上げれば体罰といわれる。だが、教師本人がお灸をすえる気持ちで軽くゲンコツするくらいなら問題ないのではないか。いったいどこが問題なのか。何でもかんでも十把一絡げに「人間味が感じられない」「やりすぎだ」などと批判するのはおかしい。

近頃は「人間味」とか「人間性」という単語が独り歩きするようになった。やさしさの大流行である。ニュースなどを見るたびに痛感させられる。この言葉をもち出せば、それ以上の細かいことは無視され、一方的に非難される。たとえば「セクハラ」「パワハラ」「マタハラ」などが、それだ。「セクハラされました」と言えば、それですんでしまう。言われた側は、このひと言でセクハラ人間になる。

こんな世の中で自分を通して生きようとすれば、いろいろ批判されるだろう。しかし、そこでひるんでいるようであれば、その人の成長はそれまで。自らの目的を達成し、のし上がっていくことはできない。他人の批判や噂を無責任に口にする人はどこにだっていると心得たほうがいい。

・批判されてもひるむことはない

どんな世界でもトップは甘ったれない

「情」に流されない人間が結果を出す。もし上を目指すなら、忘れてはならないことがある。

「ダモクレスの剣」という有名な話がある。

紀元前四世紀、シラクサの王の廷臣にダモクレスという男がいた。

ある日、彼が王の地位を羨む言葉を述べると、王は「では、私と代わってみるか」と王の衣装をまとわせ、豪華な食事を振る舞い、王座に座らせた。

いい気分になったダモクレスが、ふと頭上を見上げると、天井から細い馬の毛で結んだ一振りの剣が吊るされていたという。王という立場がいかに危ういものであるかを、王は彼に教えたのだ。

どんな世界も、トップはこんなものである。このことをイタリアの政治思想家・マキャベリは、このように表現している。

「個人の間では法律や契約書や協定が信義を守るのに役立つ。しかし権力者の間では信義が守られるのは、力によってのみである」

したがって、権力者は情に流されない。権力の座というのは、力以外に守る術がない。ほかに妥協の余地はないのだから、それを固守する。その姿勢に比べれば、われわれ庶民はいかに気楽で甘いか。

日本のような太平楽の国に住んでいれば、どんなに弱い人間でも生きていける。働きたくなければ生活保護だってもらえる。王は立場を選べないが、私たちは好きな職業を選んで生きることもできる。

ダモクレスは王様を羨んだが、もしかしたら王様もダモクレスを羨んでいたのかもしれない。しかし、それでも、人間には上昇志向がある。元気でやる気のあるサラリーマンであればあるほど、出世したいと望む。

サラリーマン社会のトップ層といえば、少なくとも役員クラスだろう。

では、そこまで上り詰めたら何が待っているのか。居心地のいい重役の椅子に座ったとたん、いままではなかった論理を感じるだろう。

そもそも重役、つまり役員というのは任期制で、ふつうのサラリーマンのような雇用継続の保証がない。任期を過ぎて再選されなければ、そこでおしまい。働きたくても、クビにされてしまう。それも、たとえば二年ごとと期間が定められている。

以前、ある企業再建のプロから聞いた話だが、役員ではない幹部クラスで辞めさせたい人間がいる場合は、一度役員に引き上げ、一期でクビを切るそうだ。それがわかっていて、部長職以上の出世を望まない社員もいるという。

また、もう少し下のレベルになると、労働組合員の資格がなくならない役職止まりで満足し、それ以上を望まない。そうすれば定年まで勤められる。トントン拍子に出世して、役員になるのも考えものだからだ。サラリーマンなら出世がすべてとは限らないのだ。

政治の世界になると、権力争いは熾烈を極めるだろう。

それでも、その座を目指す人間が絶えないのは、権力にそれだけ魅力があるからだ。中国の権力争いが最たる例だろう。権力を握れば、莫大なお金を手中にし、やりたい放題できる。そんな身分になってみたいと思う人間はごまんといる。

それなのに、多くの人が権力をつかめず終わってしまうのは、トップが勝ち続けるために何をしているかを見落としているからだ。

・勝つために何をすべきかを知れ

敵と味方を間違えてはいけない

誰が本当に自分のプラスになる人か、誰が足を引っ張る人か。周囲に気を配ること。その判断を見誤ると、致命的な失敗をしてしまう。

厳しい社会で生き残っていくには、敵と味方を間違えてはいけない。だが、そういう意識のない人がけっこう多い。

敵とは、味方とはについて、突き詰めて考えたことがないのかもしれない。はっきり言えば、敵とは、あなたの人生を不幸にする者のことだ。味方とは、あなたが幸福な生き方ができるよう手助けをしてくれる存在である。こう思えばいい。勝負の最前線で戦っている人ほど、こうした感覚に鋭いはずだ。鋭くないと負ける。負ければ不幸になるからだ。

ここまでは、すぐにわかる。頭で理解できるからだ。だが、実際に目の前にいる人間が敵か味方かは、そう簡単にわからない。

では、どうやって見分けるか。

敵も味方も、そんなに多い人数ではない。ほとんどの他人は、敵でも味方でもない中間的な存在だ。この存在はひとまずパスしていい。あまり気にしないことだ。

明確な敵は、目的が同じで行動も同じ場合に現れる。

受験時の同級生は、受験という戦場で敵と味方になる間柄だ。会社の同期は、出世競争の世界でライバルということになる。

この種の敵は見誤ることが少ない。困るのは、こちらが敵視していないのに、向こうが勝手にそう思い込むような敵である。向こうは敵愾心を燃やして攻撃してくるが、こちらはそうと気づいていない。

たとえば、あなたが同じ職場の女性と結婚する。周囲から祝福されて、いまは幸せいっぱい。職場では同僚にからかわれ、こちらからはノロけたりもする。あなたは、そんな職場に、よもや自分の敵がいるとは思っていない。

だが、以前、あなたの奥さんに惚れ込んでいた独身課長は、嫉妬し、今後つらく当たるかもしれない。そうと気づかないあなたが課長を信頼し、何でも開けっ広げに打ち明けていたら、どこで足をすくわれるかわからない。

社会へ出たら、自分の敵味方はいつも身近なところにいる。

味方と思っていた相手が敵の場合もあれば、敵と思っていた相手が味方の場合もある。だからこそ、ふだんから周囲に気を配り、観察眼を働かせておく必要がある。ビジネス社会で生きるには、損得をきちんと見極めなければならない。

自分にとって誰がプラスに働くか、誰と仲よくしておけば物事が有利に運ぶのか、そのくらいは身につけておいて損はない。

日本の職場は外資系の職場に比べると、和気藹々《わきあいあい》としている。たしかに悪いことではないが、必要以上に仲よくするのはいかがなものか。なぜなら、敵味方の感覚がなくなってしまうからだ。

職場は仲よしクラブではないということを、絶対に忘れないことだ。

ある創業経営者が「職場であまり仲よくするな。そんなに友達が欲しければ大学へ戻ればいい」と言っていた。至言である。

世の中で友情を求めすぎることは、ときに致命的な結果を招く。

「男は一歩外に出れば七人の敵がいる」

そう心得てもらいたい。

・仲よしごっこは学生時代まで

結果の出せる人間になるべきだ

職場環境や人間関係の快適さなどは、二の次、三の次と心得よ。大きな成功を手繰り寄せるには、苦難を苦難と感じない気概が求められる。


ビジネスマンであれば、絶対に忘れてはいけないことがある。

それは、どんな場合でも結果を出せということだ。

プロセスよりもとことん結果を重んじるべきであり、結果が出せないビジネスマンは、ビジネスマンを名乗る資格がない。そう覚悟を決めて、結果を出すことに邁進することだ。

よく「働きやすい職場環境が……」などと言う人がいるが、結果を出すためにそれが必要なことだったとしても、それ自体は目的ではない。

いまの若い人は働く条件を先に挙げて、「こういう環境なら気持ちよく働けます」と言うが、勘違いするなと言いたい。誰も、あなたの気持ちなど優先していない。

どんな条件下でも、結果を出せば認められ、結果が出せなければ信用をなくす。この現実をきちんと見据えなければいけない。それがビジネス社会だ。成功者は結果がすべてと心得ている。

自己啓発本などでは「大きな夢や目標をもて」とすすめているが、こんな漠然としたい方は何の役にも立たない。まずは、いまのあなたの仕事、その目の前の課題を確実にこなすことが大切なのだ。なぜなら、ひとつひとつそれができてはじめて結果を出したと言えるからだ。堅実に結果を出すことで、本当の実力が身につき、大きな夢に挑戦する余裕も出てくる。

人生とは苦難の連続である。だが、苦難の中で結果を出し続けることで、何が起きても切り抜ける力が身につく。自ずと苦難も苦難ではなくなる。そして、人生の局面を切り抜ける力がつけば、やがて大きな成功や幸せを手繰り寄せられるようになる。

結果とは、言うなれば他人の評価である。ビジネスにおける評価とは、会社の評価、つまり他人の評価なのだ。自分の評価ではないと心すべきだ。

自己評価と他者評価は違うもので、自分ではよくできたと思っても、会社が評価してくれなくては、結果はゼロと同じ。努力を認めてくれという甘ったれはビジネス社会で通用しない。

自分に甘い人間は、結果が出なくても「いい経験を積んだ」と自分で自分を慰める。それも一つの大切な見方ではあるが、世間は非情なもので、プロセスは無視されて、そんな人間を失敗者とみなしてしまう。

未熟な若いビジネスマンは「結果は出せなかったが、努力だけは認めてほしい」という考え方をしがちだ。だが、それは甘ったれた考えだ。ましてそんなことを自分から言ってはいけない。そう評価してもいいのは他人だけだ。

ネットで、こんな相談があった。

「結果を出しているからと、傲慢な態度を取る人間が許せません」

ベストアンサーは、こうだった。

「結果を出せない傲慢ではない人間より、結果を出した傲慢な人間のほうがはるかに立派だ」

たしかにビジネスでは、そんな人間が出世していく。それが現実社会なのである。

ビジネスマンなら、少なくとも結果を出すことに徹底的にこだわるべきだろう。

・どんなプロセスよりもまず結果

世の中の変化を知っておく

時代によって仕事や生き方のスタイルは変わってくる。コンピュータ全盛の非情な世界でも生き残れる頭脳を育んでおくべきだ。

衝撃的なデータがある。英オックスフォード大学の研究チームが米国労働省のデータに基づき、七〇二種の職業について、今後コンピュータ技術によってどうなるかを解析した。その結果、一〇年後には四七%の仕事がロボットに取って代わられるという。

二〇四五年には、人間のすることはすべてコンピュータに取って代わられるという予測もある。「人間はいらない」というわけだ。

これはもう誰のせいでもない。ただ時間が経過することによって、これだけ大きな変化が世の中では起きてくるということだ。老いもそうだろう。自分が意識していなくても時間は刻々と経過し、われわれの肉体は確実に衰えている。

こうした時間の非情さに、人間は誰も抗うことはできない。では、どんどん過ぎ行く時間とどう向き合ったらいいのか。

「一寸の光陰軽んずべからず」で、ひたすらいまの時間を大切にするしかない。

仕事でいえば、残業は当然と思ってダラダラするなど、もってのほか。仕事の質と時間は比例しない。三時間かけてもできない仕事を、一〇分でこなしてしまう人がいることを肝に銘じる必要がある。

単純労働はいまでも時間給だが、これからはどんどんロボットに切り替わっていく。近い将来、時間給という言葉は死語になるだろう。

ロボットに取って代わられるのは、単純労働ばかりではない。

サラリーマンの大半が従事している知的労働もそうなるだろう。結果、仕事は成果主義が一段と進む。このことを、よく頭に入れておく必要がある。

では、生き残るためにはどうしたらいいか。ポイントは二つある。一つは複線思考である。いま仕事のできる人のやり方は、ほとんどがこれだ。

たとえば、当たり前のことだが、飛行機や新幹線での移動中に睡眠を取ったり、企画書を書くといったことだ。

もう一つは、時間の区切りをつけることだ。一つのことに費やす時間を決めておき、時間がきたら次の作業に取りかかる。この方法なら、たとえ新幹線で移動しながらでも、三つ、四つの仕事をこなすことも可能である。複合思考であり、行動なのだ。

「そんなの一部のエリート層の話で、自分には関係ない」

こう思う人がいるかもしれないが、そういう人は間違いなく近い将来ロボットに負ける。企業が成果主義を取り入れたのは、かなり以前のことだが、日本の風土では、いままであまり効率よく機能してこなかった。だが、情勢は大きく変わった。

コンピュータが長足の進歩を遂げたからだ。近年は知的ロボットの発達が著しく、すでにその応用編として自動車はもちろん、無人飛行機まで実用化されている。

自動車も行き先を入力すれば、障害物をよけ、信号を守りながら自動的に目的地に連れて行ってくれる。介護も、家庭の掃除もすべてロボットが担う時代がくる。すでに、掃除機の「ルンバ」は人気商品だ。

この変化が恐ろしいのは、いま流通の要としてなくてはならないトラック運転手などが完全にいらなくなることだ。先の報告書によれば、この変化は近い将来、必ず起きる。

私が幼い頃は「電車の運転手になる」という夢を抱く子どもが多かった。だが、近未来にそんな職業は存在しなくなる。すべて自動化される。

時間の経過が文明を発達させ、その結果として、人間がいらなくなる——。働くことを従来の考え方でとらえていると、まったく違ってくる。思考はすべてコンピュータがやるので、人間は食事をして、眠るだけになってしまうのか。

・時間は非情な現実を突きつけている

第2章

善悪にこだわらない生き方をしてみる

「アメとムチ」には大きな落とし穴がある

アメは誤解や増長を生むこともあり、ムチは恨みを芽生えさせることもある。ドライにつきあうのが賢いやり方だ。


人を使うときはよく、「アメとムチを使い分けろ」などと言われる。

人の上に立つには、アメをあげるだけでも、ムチを振るうだけでもダメで、この二つをうまく使い分けることが大切だ、と。

実際、こんな話があった。あるレストランでのこと。料理長がアルバイトの女子学生とつきあっていた。年齢差は一〇歳以上。料理長は仕事には厳しく、些細なミスでも誰彼なく叱り飛ばしていた。

だが、休憩時間や仕事のあとは穏やかで気さく、誰とでも分け隔てなく接する人だった。ただ、女性に積極的なタイプではなかったので、バイトの女性とつきあっていることが明らかになったとき、周囲の者はみな驚いた。

料理長によれば、「彼女のほうからアプローチしてきた」という。彼女はなかなかの美人で、それまでもアタックする男性は多かったが、誰も受け入れなかった。そんな彼女が自分から料理長に近づいたことを、みんな意外に思ったのだ。

「アメとムチ」を象徴する言葉として、韓非子《かんぴし》の一文がある。

「明主のその臣を制するところは二柄のみ。二柄とは刑徳なり」

「刑徳」とは罰と褒美である。名君が臣下を統率するには、罰と褒美が必要ということだ。

料理長のケースを見ると、アメとムチが功を奏したように見えるかもしれない。だが、実際、料理長は意識してアメとムチを使い分けたわけではない。使い分けるとは意識することだが、料理長はまったく意識していなかったのだ。彼は仕事の面では叱るべきときは厳しく叱り、ふだんはその穏やかで気さくな人柄で誰とでも接していたにすぎない。その結果として、彼女に好意を持たれたわけだ。

このアメとムチの使い分け、意識すればかなり難しいだろう。料理長も意識していたわけではない。

韓非子は明主を想定して、意識しての使い分けをアドバイスしたが、われわれ凡人が同じことをすると、ろくなことにはならない。

なぜか。アメとムチには、根本的に二つの欠陥があるからだ。

一つは、いつも適切に使えるとは限らないこと。もう一つは、いくらアメを与えても、与え方を間違えると、与えられなかった人間の恨みを買ってしまうこともあるのだ。これで失敗したのが織田信長である。

よく知られているように、信長は羽柴秀吉には甘く、明智光秀には必要以上につらく当たった。秀吉がミスをしても笑ってすませたのに対し、光秀には重箱の隅をつつくようにミスを暴き出し、罰を与えた。秀吉においても「人たらし」ぶりで信長の覚えがめでたかったうえに、人心をうまくつかんでいた。それに対して、光秀は信長に対してはもちろんのことだが、対人関係においても不器用さをさらけ出していたからだ。

人には本質的に好き嫌いがあるから、いつも適切に相手に対してアメとムチを使い分けることはできない。むしろ、使い分けようなどと考えないほうがいいのが現実だ。

さらに、ムチを与えたときは「ふだんアメも与えているのだから、このくらいはいいだろう」と単純に考えたりする。

だが、受けたほうがそう受け取るとは限らない。ムチの痛みをいつまでも根にもち、いつかどこかで借りを返してやろうと、逆に心の中で復讐を考えているかもしれないからだ。

この人間心理は、決して無視できない。

「与えた恩恵によって、以前の怨念が消えるなどと思う人がいたならば、取り返しのつかない誤りを犯すことになる」

これはマキャベリの言葉だ。

本能寺の変は、まさにそれだった。

アメもムチも必要なことだが、使い分けるなどとせこいことは考えないほうがいい。下手に使い分けると恨みを買うことのほうが多い。それならばいっそ、アメやムチといった小賢しいことは考えず、その都度、相手と素直に向き合えばいい。相手から恩恵を得られればよしとし、離れていけばそれまでと割り切ればいい。先の料理長は、自然体でそれができていたのだろう。

・アメとムチ、意識せず割り切ってつきあう

他人の生き方に余計な口を挟まないほうがいい

つきあいはちょっと「水くさい」くらいでいい。困難に瀕している他人でも、踏み込まないことが正しい場合もしばしばある。

とかく他人のことを気にしない人がいる。「われ関せず」という態度を取るのだ。仕事場でも自分に関係ないことであれば、なるべく関わろうとしない。

現実はそれでいいのだが、逆に、余計なお節介をやきたがる人がいる。よくいえば面倒見がいい。何にでも首を突っ込むクセがあり、人から何か頼まれるのを待っているのではないかとも思うくらいだ。

病気になったことを黙っていると、「なぜ知らせない。水くさいじゃないか」などと、なかばなじるように言う。こんなケースはまさに余計なお世話で、こちらにも知らせたくない事情があることにまで頭が回らない。とかく善人に多いタイプだ。いい人なのだ。

人はよく「心配した」などと言うが、私はその言葉が嫌いだ。私自身、頼まれもしない他人の心配などしないし、また自分もしてもらわなくてけっこうだと思う。

だが、そういう善人タイプに限って、自分が放っておかれると、「冷たい」「薄情な奴だ」などと騒ぎ出す。世の中には薄情な奴もいれば、温かい心の持ち主もいる。正直、その人の性格なのだから、どちらでもいいではないか。

無用な気遣いはしないほうがいいのではないかとも思う。極論すれば利己的に生きることである。そう考えれば、いまの人はちょっとおせっかいすぎるのではないか。そんなに気を遣うと、人間関係でストレスを溜め込むことにならないか。相手のことなど気にせず、自由気ままに楽しんだほうが人生はよほど面白い。もっと自分の楽しみを中心に考えるべきである。

「冷たい人だ」

そう言われても意に介さないことだ。

たとえば、人にものをあげるのも考えもの。あげれば相手が喜ぶと思っている人が多いが、もしかするとそれはただの独りよがりで、もらうほうは迷惑な場合だってある。

たとえば、お母さん同士の交流で、自分の子どもから友達が流行のおもちゃを持っていないと聞き、余分にあるものをママ友の子どもにあげれば喜ぶだろうと思うのは早計だ。相手が上から目線を感じ、反発を買うこともある。

本人にとっての善意が、関係をこじらせる場合もある。

辞書を持っていない友人がいて、たまたま自分は二冊持っている。自分では親切心のつもりで「あげる」と言ったとする。しかし、その申し出を相手がありがたいと感じるかどうかはわからない。憐みを受けたと感じるかもしれないのだ。それで「いらない」と断られたら、申し出た側も不快な気分になるだろう。

とかく人にものをあげるのは難しいのだ。好意が好意として受け取られないことが少なくないからである。

何事も「自分標準」で考えないこと。生き方は人それぞれ、自分の生き方をモノサシにして、他人にあれこれ言ったり、したりするのは避けるべきではないか。本人はよかれと思っていたとしても、それは余計なお節介なのである。『風立ちぬ』で知られる昭和の作家・堀辰雄はこんなことを言っている。

「差し出がましい助言者にも、冷ややかな目撃者にもなりたくはない。ただその傍らにじっとしていて、それだけでもって不幸な人々への何かの力づけになっているようなものになっていたい」

理想的な考えに近いのではないだろうか。困っている人を助けないと冷酷と言われる。募金をしないだけで、非難めいた目つきをされる。そんな人間が、世の中にはたくさんいるのだ。

部下が仕事でどうしていいかわからないとき、傍で見ているだけではなく、教えてあげるのもいいだろう。だが、教えてあげない人を「冷たい」と見るのはやめたほうがいい。教えるのも一つの選択肢だが、それが正しいとは限らない。ケースバイケースなのだ。部下が工夫して学んだほうが、本人のためと思ってわざと教えないこともある。一概にこれが正しいとは言えないのだ。

世の中、どちらが正しくて、どちらが間違っているかについて、誰もが同じ考えを抱いているわけではない。それほど単純なものではない。余計なお節介は、しないほうがいいのだ。

・小さな親切、大きなお世話もある

「本音と建前」なんかどうでもいい

自然体を一番に考えて、「出たとこ勝負」に徹するのも悪い処世術ではない。計算ばかりで言動を変えていると、「デキる人」にはすぐ見透かされる。

人には「本音と建前」があって、使い分けているのがほとんどだ。

本音は表に出さず、まず建前をもってくる。しかし、本当にうまく使い分けられているだろうか。たとえば、本音をしまっているつもりが、顔に出ていることがあったりする。

なぜ、そうなるのか。そもそも使い分けるという意識がよくないからだ。

意識するとは頭で考えることだ。相手が敏感でなければ通用するだろうが、経営者や成功者といったある種のトップの人間にかかると、そんなやり方ではすぐ見抜かれてしまう。ボロが出てしまうものだ。

それならいっそ、使い分けるのはやめたほうがいいかもしれない。やめてどうする、いきなり本音でいくか。そうではない。「意識すること」をやめればいい。

「出たとこ勝負」という表現はいささか乱暴だが、あまり深くそのことを考えないようにする。そのほうが自然体だから、相手に気づかれにくい。

地位が上がれば上がるほど、この処世術が必要になる。というのは、直球勝負の本音がいい場合、本音は出さないほうがいい場合、どちらなのか覚《さと》られてはまずい場合など、場面、場面で違ってくるからだ。

「この人は必ず建前から始める」

など、いつも同じやり方だと相手に読まれてしまう。それでは交渉事は不利になる。日本人が外交下手なのは、やり方がパターン化しているからではないか。

誰にも本音と建前がある。ふつうは本音が大切で、建前は飾りのように思っている。だから「それは建前でしょ。建前はもういいから本音を言ってください」という話になる。

だが、本音と思っているものが本当の自分の気持ちであり、建前は本当に建前なのかというと、必ずしもそうとは言えない。とくに男女の場合、「別れたい」からと思い切って本音をぶつけてみたら、「私もよ」などと相手が思いがけない反応をして、実は「別れたくない」が自分の本音であることに気づいたりすることもある。

つまり、私たちは自分で思うほど自分のことがわかっていないのだ。

しかし、これは当然。気持ちというのは、そのときの状況によって変化するからである。つまり本音とか建前と言っても、決して不変ではない。むしろ不変のように信じているから、話がこじれる。

「あなたが、この会社を選んだ理由は何ですか」

入社のときの面接で、用意してきたとおりに建前で答えるのがふつうだろう。なぜ本音を言わないのか。そんなことを言えば、当然落とされると思っているからだ。

本音では「自分の実力なら、この程度の会社は受かるだろう」と思っている。ところが面接官のほうは、誰もが本音を言わず建前の答えを言うのを先刻承知している。

就職の面接に携わっている知り合いから聞いた話だが、質問にどんな答えを返すかで、ある程度の本音が見抜けると言っていた。これが現実なのだから、本音と建前の使い分けなど本当は意識しないほうがいい。

意識しなくても、人間は必ずこの二つの側面を持っている。

だから自然の流れの中で無意識に使い分けたほうがいい。そのほうが相手にはわかりにくいし、わかっていたとしても悪い印象は与えない。

使い分けることを意識しないこと、これが大切なのだ。

「人が本音を話す人間は二種類いる。その人が心から信頼している人間と、どうでもいいと思っている人間である」

これは、まさに名言である。

・本音と建前は使い分けないこと

「言い訳だけはしない」と心に決めるべきだ

勇気を持って、封印すること。「責任転嫁」「自己保全」「自己逃避」「恐怖」「プライドの維持」「対人関係の維持」……。どれをとっても、悪いことづくめだ。


ふだんから「言い訳だけはしない」と心に決めるのも、一つの生き方である。

それだけで、現実的なものの考え方ができるようになる。

「ミスの報告は言い訳から入る」のが、出世できない男の行動ランキングで一位というアンケート調査もある。

言い訳は気持ちがラクになる。うまくできなかった理由を並べれば、それですむからだ。黙って聞いていると、こちらが納得させられてしまうし、それを論破するのはなかなか難しい。

だが、言い訳をしている限り、強く生きることは難しくなる。

なぜなら、言い訳をする時点で、自分が見たくない現実から目をそらしていることになるからだ。

頭の中は駄々をこねる子どもと似ている。

心理学者によれば、言い訳には六つの心理的意図が隠されているという。

「責任転嫁」「自己保全」「自己逃避」「恐怖」「プライドの維持」「対人関係の維持」。

言い訳一つにも、これだけの心理的要素が関わっている。そして、いずれにも共通するのが、自分に対する「甘え」である。

自分のせいではない、自分は悪くない、嫌われたくない、この場から逃げたい、バレるのが怖い、傷つきたくない、いまの関係を壊したくない——そんな思いが強く見え隠れする。

「言い訳をしない」と決めるのは、勇気がいることだ。

だが、思い切って一度でも実行してみると、想像以上に心理的な重圧から逃れられる。

なぜなら、言い訳をしないことで、覚悟ができるからだ。

「言い訳という悪習慣をなくすためには、言い訳が通用しない状況に絶えず自分を置くことです。そうすれば考え方も行動も違ってきます」

『潜在意識の法則』を提唱したことで知られる、二〇世紀の宗教家・ジョセフ・マーフィーの言葉である。

・覚悟ができれば言い訳はしなくなる

しゃべりすぎるな、寡黙であれ

我慢できなかったら「内語」という方法を思い出せ。饒舌の歯車は回れば回るほど、相手に伝える事柄は減っていくのだから……。

「口八丁手八丁」という言葉があるが、口数の多いのは損である。自分の生き方に自信を持っている人間は、口数が少ない。おしゃべりではない。寡黙なのだ。

人間関係でしゃべりすぎると、ろくなことはない。なぜなら、口数が多いと、つい余計なことを口走ってしまうからだ。犯罪者に黙秘権が認められていることの意味を考えてみればいい。口を開くと不利になるからだ。しゃべるのは危険な綱渡りのようなもの。「沈黙は金」というのは貴重な忠告である。

フランスのドゴール大統領は、重々しい口調で実に貫禄のある人だったが、彼自身がその秘密を明かしている。

「寡黙は態度を荘重にし、威信を高めるのに役立つ」

彼はそれをわざと演出していたのだ。トップという地位に就けば、そんな演出も必要ということだ。

なかには、しゃべるのが大好きで黙っていられない人がいる。そういう人にアドバイスしたいのは、「内語」を増やすことだ。内語とは自分自身に語りかけること。

たとえば、ある人のことで腹を立てたとき、その人に向かって言うのではなく、自分の心の中で、相手に向かって罵ってみる。相手が聞いているわけではないから、どんなにひどいことを言ってもかまわない。ひとりごとでいい。あのバカヤローと言ってみる。

それをやると、気分が晴れる。そして、現実にその人に会ったとき、笑顔で接することができるかもしれない。仕事のできる人間が得てして寡黙なのは、内語を使うことが多いからでもある。

逆に、口数の多いことの欠点をいくつか挙げてみるとわかる。

第一は、人から「軽く見られる」ことである。本題に関係のないことばかりペラペラしゃべっていても仕方がない。ドゴール大統領ですら意識して寡黙に努めたのだ。私たちがやっても不都合なことは何もない。

第二に「積極ミスをする」ことである。犯罪者はこのことをよく知っている。人間、調子に乗るとついついおしゃべりになるものだが、それでは相手の誘導尋問に引っかかる。うかつに口を開けばボロが出てしまうからだ。

第三に「情報を提供してしまう」ことになる。こちらにその気がなくても、しゃべることで自分の情報をいろいろな形で漏らすことにもなる。

サラリーマンは自己主張が大切だから、寡黙でいることは不利かもしれない。だが、極力少ない言葉で相手に理解させるべきで、多弁は避けたほうがいい。

「小人は実に多くの言葉をしゃべり立てながら、相手に何一つ伝えないという天与の才能をもっている」

これはフランスの文学者ラ・ロシュフコーの言葉である。

女性のおしゃべりとは、このようなものだ。おしゃべりで楽しいひとときを過ごせるのだから、これはこれでけっこうなことだが、口数の少ないほうが人生は生きやすいと心得ておいたほうがいい。

目が二つ、耳が二つなのに、口は一つ。これはよくものを見て、よく人の話を聞いて、しゃべるのは控えなさいということを意味している。「寡黙の人は最善の人である」とシェークスピアも言っている。黙ることを覚えたいものだ。

・寡黙さが落ち着きを演出する

人の話をよく聞くクセをつけなさい

「話を聞かない人間＝結果を出せない人間」と思っていい。聞き上手は成功のための必須条件と心に刻むことだ。

寡黙にもつながるが、人の話をよく聞くクセはつけたほうがいい。

話の聞き方はいろいろあってかまわないが、ともかく聞くこと。人の話をよく聞かない人間は、絶対に伸びることはできない。

なぜなら話を聞くことは、情報収集のようなもの。見知らぬ相手を知るために、着ているものを一枚一枚脱がせるのと同じだからだ。話を聞くだけで裸の相手を知ることができる。こんなチャンスを逃す手はない――。

概して人がいい人間は、自分のことを包み隠さず話す。聞かれれば何でも話す。反対に用心深い人間は、自分のことをあまり話そうとせず、相手の話を聞きたがる。信頼に足る人間かどうかは、ここでわかる。

そしてできる人間は、興味本位に話を聞こうとはしない。

どちらかというと受け身の聞き方なのだ。

聞き方にもいろいろある。相手の言葉に耳を傾けるだけが聞くことではない。目の動き、表情、言葉のクセ、身振り手振り、すべてが観察の対象だ。こういう聞き方なら、黙って相槌を打つだけでも聞いていられる。

聞くとどうなるか。情報が集まる。材料が増えるから、正しい判断ができるようになる。

これが、人の話をよく聞く第一のメリットだ。

また、人は話せば話すほど、自分の情報を相手に提供する。その人のよい面も悪い面も、得意なことも、嫌いなことも、自《おの》ずとわかるようになる。その人をよく知ることができるのが、第二のメリットである。

第三のメリットは、人づきあいがラクになることだ。向こうは聞いてもらいたくて話すのだから、黙って聞いている限り、自分からしゃべることは少ない。口下手でも人づきあいがラクにできるようになる。

さらに第四のメリット。人は自分の話をよく聞いてくれる人に好感を抱くから、こちらから何もしなくても、相手が好ましく思ってくれる。

上司や取引先などの話を聞くだけで、ライバルに一歩も二歩も差をつけることができるのだ。

では、「人の話を聞くのが苦手だ」と感じている人はどうしたらいいか。

一度、カウンセラーか裁判官になったつもりで人の話を聞いてみることだ。カウンセラーも裁判官も人の話を聞くのが仕事である。カウンセラーはクライアントの話をただひたすら聞く。裁判官は検察、弁護士、原告、被告、証人の話を徹底的に聞き、そこから正否の重大な判断を下す。それほど人の話をよく聞くことは、大事なのだ。

せっかく人が話そうというのに、聞こうとしないのは実にもったいない。こちらに話したいことがあっても、まずは相手の話を聞くことが先決なのだ。

天才将棋士の羽生善治はこう言っている。

「三流は人の話を聞かない。二流は人の話を聞く。一流は人の話を聞いて実行する。超一流は人の話を聞いて工夫する」

・徹底的に人の話を聞くこと

第3章

勝ち負けが決まるとき

社内弱者がいやなら、得意分野を極める

弱肉強食は世の掟だ。自分が勝てる分野をまず見つけて、組織でかけがえのない人間になる。いまとは違う舞台が必ずある。

強い者は勝ち残り、繁栄する。弱い者は滅びるか、従属して生きていく。人間以外の動物は「弱肉強食」という掟の中で、そういう生き方をしている。

われわれも、自分の思いどおりに生きるためには、強くなることが何よりも大切になってくる。やさしさや思いやりも大切だが、それは強さあっての話。自分が弱くて滅んでし

まっては話にならない。

こんな話をすると、「自分は強くないから……」と悲観的に考える人が少なからず出てくる。だが、人間社会はそう捨てたものではない。たしかにこの掟はどの世界でも共通するが、どの世界で強くなるかは自分で選べるのだ。自分に合った活躍の舞台を見つけられれば、その世界で「強者」として生きていくことは十分に可能なのである。

たとえば、営業成績が伸びずに苦しんでいたとしよう。上司から毎日のように嫌味を言われ、社内では肩身が狭い。自分の居場所も見つからず、職場では弱者として扱われるかもしれない。だが、そこで「自分は弱いんだ」「才能がないんだ」とあきらめてしまってはいけない。

「営業」がダメであれば「企画」。「企画」がダメであれば「広報」、あるいは「経理」とか、自分が勝てるかもしれないという世界に飛び込んでみればいいのだ。人間社会のいいところは、社会構造が重層的にでき上がっていて、いろいろな世界で生きられることだ。

かつて、陸上選手だった為末大氏は長い競技人生の中で、勝つために一〇〇メートル走、四〇〇メートル走、ハードル競技と戦いの舞台を変えていた。

まさに自分が勝てる世界を選んだ結果のメダリストである。いたずらに世の非情を嘆くのではなく、比較優位の世界で生きてみればいいのだ。

自分は食べるためにイヤイヤ仕事をしている——そんな縮こまった世界観をもっていてはダメだ。もし、サラリーマンの世界に飛び込んでやってみて「失敗したな」とか「自分に合わない」と思ったら、別の舞台を選べばいい。

ただ、どの舞台であっても、弱肉強食のような掟はある。一見、戦っているように見えなくても、みんな戦っているのだ。だから闘争本能だけは失わないようにしたい。どの世界でも強い人間は闘争本能を持っている。それなくしては、どこの舞台でも脱落するしかないのだ。

・同じ弱肉強食でも自分が活躍できる舞台を選べ

よいことは他人のおかげ、悪いことは自分のせい

たとえ評価が不本意でも、本心は封印して、理不尽さを引き受ける覚悟を持つ。組織は結果を残す人がいつも正しい評価を受けるとは限らない。

自分の不本意な状態を、誰かのせいにしたくなるのはよくあること。とりわけビジネスの世界では、自分のせいではないのに、自分が責任を負わなければならないことがよくある。

たとえば、部下が大きなミスをすれば、上司にまでその責任が及ぶ。管理不行き届きと

なるからだ。まったく自分に関わりのない場合もある。自分の指示ミスで起きたことなら仕方がないが、部下が酔っ払い運転で起こした不祥事の責任まで取らされたのではたまらない。

そんなとき、「悪いことはすべて自分のせい」とは、とうてい思えないだろう。

だが、強く生きるなら、そう割り切ることも必要だ。

つまり、世の中は理不尽なのだが、その理不尽さを引き受ける覚悟も必要なのである。どんな事態が起きても動揺しないためには、「よいことは他人のおかげ。悪いことは自分のせい」と思っておくに限る。そうすれば精神衛生上もいい。

そもそも成功の多くは、人に支えられてのものだ。

自分の手柄のような顔をしていても、どこかで他人の協力がある。しかし、毎日、毎日起きることを、これは自分のせいか、他人のおかげかなどとは考えないのがふつうだ。いつも正しい判断ができるわけでもない。

そこで、よい結果が出たら「ありがとう、みんなのおかげだ」と感謝し、結果が悪かったら「私のミスだった」と潔く認めてしまう。

腹の底では「このバカのせいで、とんだ失敗をした」と思っていてもだ。そうすれば、部下は信頼してついてくる。本音なんて誰にもわからないからだ。

人のせいで損害を被ったり、運命を変えられたりするのは、残念ながら現実にはよくあること。自分の人生は自分の生き方で決まるようでいて、実は他人がさまざまな形で関わっている。運命は、他人によって大きく左右されたりもする。

それが一つの真理と思っていれば、「よいことは他人のおかげ。悪いことは自分のせい」と割り切れる。つまらないことに一喜一憂することもない。もちろん、これが真実かといえば、そうではない。だが、そう思うのが大人の分別というもの。分別があって愚かな大人はいない。

部下の失敗が自分に及ぶことが心配で、夜も眠れないようでは、とうていよい上司にはなれないし、よい仕事もできない。

だが、仕事がうまくいかなかったとき、他人のせいでそうなっても、自分で責任を取る覚悟でいれば、そのときは責任を取らされても、見る人はきっと見ている。世の中はそういうものだ。その結果、敗者復活戦にも参加できるのだ。

人は、とかく悪いことは他人のせいにして、よいことは自分の手柄にしようとする。しかし、そんな上司だと、「いざというときに責任を取らないズルい上司」と部下から思われて、輩下の人たちはついてきてくれない。

だからこそ、すべてを引き受ける覚悟が必要なのだ。

ふだんの振る舞いが、信頼されるか、バカにされるかの境目になる。

・結果は何事もすべて自分の責任と思え

小善は大悪に似たり、大善は非情に似たり

何が正しいかは、一面的な事実だけでは判断できない。危機に際して、よかれと思ってしたことが悪い結果になることもあれば、何もしないことが好結果につながることもある。


過保護な親の存在というのは、小善である。

なぜなら一歩間違えば、とんでもなく身勝手な子どもを育ててしまうことになるからだ。

一方で、子どもにあまり干渉しない親が強くたくましい子どもを育てる、ということがよくある。

リンゴ箱をちゃぶ台代わりに、ご飯に醤油をかけて食べて育った子どもが、いまは名前をいえば誰もが知っている飲食店チェーンの創業経営者になっている。必ずしも、手塩にかけて育てるのがいいとはいえない。

「小善は大悪に似たり」とは、そういうことだ。

京セラ、ＫＤＤＩの創業者である稲盛和夫氏をはじめ、大きな結果を残した実業家がしばしば口にする言葉だ。上に立つ者は信念を持って部下に接するべきであり、やたらと部下に迎合する上司は優しそうに見えるだけで、結果として部下をダメにしてしまう。つまり、それが「大悪」である。

よかれと思ってしたことが、必ずしもよい結果を招くとは限らない。こうした現実を知っておくのも大切なことだ。

仕事に関して、こんな実話がある。

四〇代のキャリアウーマンがいた。広報を担当し、実によく仕事ができた。みんなの信頼も厚かったが、あるときからミスが目立つようになった。

彼女の能力からして信じられないようなミスなので、上司が事情を聞いた。すると、彼女はほかの部署の男性の名前を挙げて、彼との連携がうまくいっていないと説明した。事情を知った上司は、その部署の担当者に彼女との連携をきちんとやるよう忠告した。

ところが、彼女のミスは減るどころか増えていき、しまいにはうつ症状で休職することになってしまった。いったい何があったのか。やがて真相がわかった。彼女に名指しされた部署の担当者は、実は濡れ衣だったのだ。

彼女は自分のミスの言い訳をするために、ついそのような説明をしてしまった。それを真に受けた上司が、彼に苦情を言ったため、逆にその担当者と彼女の関係が悪化し、他人に濡れ衣を着せた罪悪感から彼女は壊れてしまったのだ。

よかれと思ってしたことが、かえってマイナスの結果を招いた。小善の積み重ねが大悪に至った例といえるだろう。

では、「大善は非情に似たり」はどうか。

この例でいえば、上司が何もしない場合を想定すればいい。彼女の訴えを聞いたふりをしながら無視する。自分の部署の人間が苦しんでいるのに、何の手も打たないのは冷たい仕打ちに見えるかもしれない。だが、結果的には、そのほうが彼女を追い込まずにすんだはずだ。

長くサラリーマン生活をしていると、「勤続疲労」でスランプに陥る時期が誰にでもあるものだ。いつもと同じようにやってもミスをする。彼女は、そういう状態に陥っていたのである。

こんな逸話を知っているだろうか。

殿様に向かって一本の矢が射られた。右側にいた家来がすぐに気づいて、その矢を叩き落とした。左側にいた家来はピクリとも体を動かさなかった。

家臣はみな、機敏に矢を叩き落とした家来をほめ称えた。何もしなかった家来に、殿様が尋ねた。

「お前は気づかなかったのか」

家来は答えた。

「あの矢は当たりません。外れて、ここに落ちます」

誰にも危害を及ぼさないことを察知していたのだ。だが、説明しなければ、それはわからない。何もしないのと同じだ。

このように物事のわかっている人間は先を読むのがうまい。そのため、周囲が「なぜだ?」という行動を取ることもある。先が読めるがゆえに、しばしば割の合わない評価を受けることもあるのだ。

「大善は非情に似たり」とは、こうした事情なのである。

・誤解を招くことを恐れるな

味方にも容赦しないでいられるか

何事にも例外を設けずに冷静な判断と決断を心掛ける。油断を警戒するときは、敵を見ているだけでは十分ではない。

敵に容赦しないのは、戦う者にとって当たり前のこと。

だが、勝つためには、味方にも注意する必要がある。なぜなら、味方こそが勝ちを妨げる最大の要因でもあるからだ。チームで戦う競技で、これは大切なことなのである。

むしろ味方にも容赦しないことが、結果を出すためには欠かせないのだ。

たとえば韓国では、大統領が辞めると、たちまち就任中の汚職や不正が問題にされ、逮捕されることもめずらしくない。ほとんどの場合、大統領個人ではなく、家族や一族が仕出かしたことが問題とされる。

身内を大切にするのは悪いことではない。ただ、度が過ぎるとそれは害になる。また、誰にでも「情にほだされる」ということがある。冷徹の権化のような織田信長にもそれはあった。

あるとき、一人の物乞いを見つけ、なぜか気に入ってしまい、家来に命じて住まいを与え、近隣の者に「ときどき着る物や食べ物を持って行ってやってくれれば、わしもうれしい」と言ったという。

そんな信長が敵ではなく、身内中の身内の明智光秀に殺されてしまうのだから世の中はわからない。結局、信長にも甘い一面があったということだ。

長い歴史の中で、つねに権力者同士の闘争が絶えない中国では、ある政権が誕生すると、そのトップが最初にやるのは、もっとも功績のあった側近を始末することだという。いちばん近くにいる身内が、いちばんの敵ということだ。

味方に容赦しないとは、何も裏切られるという理由ばかりではない。味方として働きながらも、結果的には足を引っ張られることもあるからだ。そんなリスクにも備えなくてはダメということ。

こうして突き詰めていくと、最後は自分に行き着く。自分の中にも獅子身中の虫がいる。「今日は疲れたから、明日やろう」「一日くらい休んでも大丈夫」。そんな甘えが自分の首を絞めることにもなる。だからこそ、早く見つけてその虫を退治しなくてはいけない。

結果を出すためには、すべてに油断しないで目配りをすることである。感情に流されず、冷徹な目で見て判断する。例外を設けてはいけない。これを実行するには、自分自身に対してもまた冷徹な目で観察する必要がある。

非情な人間の頭がキレるのは、つねに自分自身を見つめて自己反省を怠らないからだ。それゆえ進化できる。

その代わり、つらい経験もしなければならない。敗北や屈辱の数だけ自己研鑽しなければいけないからだ。

なにも、人間には「情」など不必要だと言っているわけではない。ときに「非情」であることが求められると言っているだけだ。正しい「非情」もあるのだ。それはその人間の強さでもある。そんな強さもなければ、世の中は生きていけないのである。

・味方だけでない、自分の中にも敵がいる

後悔するくらいなら何もするな

決断、行動に際してはつねに最悪の結果を想定しておくこと。失敗に終わってもすっぱりとあきらめて、スムーズに前に進むことができる。

人は後悔するかもしれないとわかっていても、ついしてしまうことがある。後悔先に立たずである。

いったいなぜか。そのときは、そうすることに意義や価値を見つけるからだ。そして、根拠もなく自らよい結果を想像してしまう。

たとえば、困っている人にお金を貸したとする。善良な人であれば「人を救うのはよいことだ」とそのとき思うのだろう。相手が喜ぶことで自分は幸せを感じられるし、自分が困ったときには助けてくれるだろう――。

だが、現実はどうか。貸したお金はなかなか返してもらえない。催促したら不快な顔をされ、人間関係がかえって壊れてしまう。こういうことは、現実に頻繁に起きている。

では、後悔しない人間は、こういうときにどういう態度を取るか。

彼らはまず、最悪の事態を考える。

「返してくれなくても自分は平然としていられるか」

いられると思えば貸す。いられないと思えば貸さない。つまり、後悔するような行動は最初からしないのだ。

これは、お金だけに限らない。

たとえば、つまらない女（男）に惚れてしまい、後悔することがある。それも長年、一緒に過ごしていながら、ある日突然、そういうことに気づく。そのときはもう手遅れだ。

しかし、後悔型の人間は手遅れでもクヨクヨとそのことを思い悩み、現実をどんどん悪くしていく。

一方、強い人間は最初に最悪の事態を想定する。自分がもしそうなったときに後悔しないかと先に考えるから、同じ状況に置かれても後悔することは少ない。自分にとってプラスがなければさっさと別れるし、黙ってそのまま現状を肯定することもある。

みんな何かで後悔している。それでも「後悔しない」というのは一種の強がりで、結果を出すにはこの強がりこそ実は大切なのである。

「万事世間の有り様、必ず後に悔しきこと多し。我事において後悔せず」

これは宮本武蔵の言葉だ。彼も後悔した。ただし、彼は後悔が先に立たないことをわきまえていた。世間では、彼の後段の言葉ばかりが伝わっているが、前段を読めば、武蔵といえども後悔していたことがわかる。ただ、彼は後悔の愚かさをよく知っていた。

前へ前へと進んで行くのが、結果を出す生き方だ。

この生き方のいちばんの障害になるのが後悔なのである。といって、人間いつも正しい判断ができるわけではない。問題は間違った判断をしたと気づいたときに、どう対処するかだ。

そこで、クヨクヨ考えるか、スッパリとあきらめるかで人生はずいぶん変わってくる。後悔する人間は、感情に支配されやすい。そういう人は、強く生きていくには向いていない。何かをしようとするとき、その結果が悪くても、後悔しないですむかどうかをまず考えてみたい。それが結果を出す第一歩になる。

仕事上の決断でも、あとで「しまった」と思うことがよくあるが、後ろを振り返っても何も変わらない。どうしようもないのだ。

そういうとき、仕事のできる人間は後悔する代わりにベストを尽くす。ベストを尽くせば、後悔は出てこない。

・後ろを振り返るな、つねに前を向け

人の弱みにどこまでつけ込めるか

多かれ少なかれ、すべてのビジネスは人の不幸、不自由があるから成り立っている。綺麗ごとだけでは、成功はおぼつかない。ズルさも欠かせないのだ。

人の弱みにつけ込むなんて――。

このあとに「汚い」とか「ズルい」などいろいろな悪口が続くのがふつうだが、勝つためには当然の方法ではないか。人の弱みにつけ込まないでどうする。

勝負事は相手の弱みにどれだけつけ込むかであり、サプリメントなどを売るときのテレビCMも、基本は人の弱みを突いている。現実に対人関係のほとんどがそれではないか。

彼女をデートに誘うとき、どんな弱みを突いたらオーケーするか、たいていの男は考える。女も彼氏のどこを突けば、自分の望みを叶えてくれるか知恵をめぐらす。人を知るには「相手の弱みは何か」を探るのがいちばんいい。

それを「汚い」とか「ズルい」など否定的に言うのは、そうさせたくないからで、それだけ効き目がある証拠でもある。

某サイトに「人の弱みにつけ込むタイプをどう思いますか?」という質問があり、何人かが否定的、肯定的に答えていた。ただ、いわゆる「ベストアンサー」は以下のごとくだった。

「知恵を悪いほうに使うタイプだと思います。個人的にはそういう人を『悪人』だと思っています。賢く、知恵を生かせる方法を知っているのに、それを悪いほうに使う。性質としていちばんタチが悪いです」

これが、世間の最大公約数の意見だろう。

だが、肯定的な意見には次のようなものがあった。

「それが世の中だと思います。正々堂々のスポーツさえ、バッターの不得手なボールを投げ、バッターは野手のいないところへ打ちます。剣道もいかにスキを突くかが最大の心得です。つけ込むのは卑怯とかいって、自分の弱点を放置していれば、何度でも、損する人生になると思います」

この肯定論は見事で、まさにそのとおりなのだ。

ただ、全体としては否定論のほうが多かった。日本人の性善説志向、清廉潔白な生き方を肯定する傾向が強いからだろう。

では、肯定論、否定論のどちらをとるべきか。

結論をいえば、ケースバイケースではないか。別に否定も肯定もする必要はない。「弱みを突く」という言い方をするから、否定的な気持ちになるので、別の言い方をすれば、印象も違ってくる。

たとえば「ニーズ」という言葉はどうか。ニーズといえば相手の必要や欲求を満たすのだから、別にズルいとか卑怯などと言われることはない。

ダイエットなどの商品は女性の弱みを突く典型だ。毛生え薬だってそうだ。弱みとはコンプレックスでもあるから、コンプレックスを解消してくれるものは、みんな弱みを突く商品ということになる。テレビCMは人の弱みばかりを突いている。

もし弱みを突くのがいけないといって、数々の化粧品やサプリメントなど、その種の商品を引き上げたら、いま市場にある商品の半分、いや、それ以上は消えてしまうのではないか。「弱み」「ニーズ」「コンプレックス」――。表現は違っても、どこの世界でもやっていることは同じなのだ。

・強者は、弱みを突いて金儲けをしている

プライドは胸の奥にしまっておけ

自分という存在を支え、人としていちばん大切にしなければならないもの。些細なことで、それが「傷つく」とか「許さない」とか気安く口に出す言葉ではない。

隣の家が高級な車を買った、友人が高価なブランド品を身につけていた、同僚が自分よりも早く出世した――。

一人前の大人でも、こんな些細なことでけっこう傷つくものだ。

プライドは感性に関わる問題だから、立派な人物が実につまらないことを気にすることがあっても、それはそれで仕方がない。ケースバイケースである。ただ、そんなことで傷つく自分を「安っぽい」とわきまえておくことも大切だ。

ある女子高生は、研究発表がうまくできずにみんなから笑われ、「プライドを傷つけられた」と嘆いていた。だが、この態度は感心できない。たしかに傷ついたかもしれないが、それは自分の能力が足りなかっただけの話。その程度のレベルでプライドをもつほうが間違っている。

そもそも、いまの人は簡単にプライドという言葉を使いすぎる。「お前のプライドはその程度のものか」といいたくなるケースもある。本当の意味でプライドが何なのかをよくわかっていないからだろう。

「プライド」とは、自分の存在を支えてくれるもの、自分にとっていちばん大切にしたいもの、それなしには生きられないもの。それが本当のプライドというものだ。能力、学歴、家柄、経済力、センス、容貌、人柄、性格――。人によってさまざまだが、それが「何なのか」によって、その人のレベルがわかる。

自分の能力にプライドをもつ人は、うまくできれば幸せを感じるし、失敗すれば傷つく。

先の女子高生は失敗したために傷ついたのだが、そもそも、そんなプライドの持ち方では情けない。

ひと昔前、武士は切腹して己のプライドを守った。自分のプライドは命よりも大切だったからだ。プライドを云々するのであれば、本来そうでなければいけない。

人から言われてプライドが傷つくのは、どんな場合か。

あるアンケート調査によれば、男は「うざい」、女は「ブス」「デブ」と言われたときだという。気持ちはわかるが、そんなことを面と向かって言う人間のほうが低レベルなのだから、取り合わなければいい。

「俺のプライドが許さない」

器の小さな男ほどその言葉を使いたがるが、そんなことを気安く言う人間のプライドほど安っぽい。

この世の中で生き抜いていこうと思うなら、「これだけは譲れない。命に代えてもいい」と思うものを心の奥底にしっかりしまっておくことだ。

それ以外の安っぽいプライドなど、さっさと捨ててしまえばいい。

「ちっぽけなプライドこそ、その選手の成長を妨げる」

元プロ野球選手・野村克也氏の名言だ。このひと言に尽きるものはない。

・小さな人間ほどプライドにこだわる

恩恵は小出しに、危害は一気に！

不思議な人間の心理を知っておくこと。その心理を徹底的に利用すれば、人間関係でイニシアティブを保てる。

これは、マキャベリの有名な一句である。

相手に恩を感じさせたければ、長く味わわせるためにも少しずつ小出しにすべきであり、危害を加えるときは時間をかけずに思い切って一気に叩く必要がある。

これがわかっていない人が実に多い。誰もが無計画に行動しているからだ。相手が喜ぶと思えば、後先考えずにいっぺんに与えてしまうし、相手が弱ったと思ったらへんに情けをかけて中途半端に終わらせてしまう。逆ではないかと思う。

「行動療法」という分野では、自閉症児の治療に、褒美を小出しにするとより効果的だということが確認されている。

「人の弱みにつけ込むなんて格好が悪い」と徹底的に攻めなかったために、逆に自国が滅んでしまったという話が中国にある。

天下制覇を狙う宋の襄公《じょうこう》が、隣国の鄭を手に入れようと自ら出陣したときのこと。鄭には同じ大国の楚が味方についていて、連合軍を結成して対抗してきた。両軍は大河を挟んで対峙した。

宋軍はすでに隊列を整え終えて準備万端でいつでも戦えたが、楚軍は長い行軍を終えていま到着したばかり。襄公の軍師は「いま敵が川を渡ったところですから攻撃しましょう。渡り切ってからでは不利になります」と進言した。

だが襄公は、「相手の弱みにつけ込むのは卑怯だ。君子の取るべき道ではない」と取り合わなかった。

楚軍が川を渡り切ると、今度は武具が濡れて陣容を整えるのに手間取っていた。再び軍師は「いまならまだ間に合います。命令を下してください」と進言したが、「せっかく待ったんだ。正々堂々の勝負がしたい」と襄公はまたも軍師の言うことを聞かなかった。結果は、宋の大敗。下手な正義を振りかざして、攻撃をためらっていると、こうなる。中途半端な情けをかけたために負けたのだ。

このように敵対する相手がいたときは、徹底的にやるのがいちばんいい。相手が戦意を失うくらいまで追い込まなければ、やられるのは自分なのだ。

事実、平清盛は、源頼朝の命を見逃したために、結果として平家を滅亡させた。

一方、残酷な話だが、織田信長は敵の将や兵だけではなく、女、子どもまで一族郎党を根絶やしにしてきた。将来のことを考えると、できるだけ不安の芽は摘んでおいたほうがいいと考えたのだろう。

逆に恩恵は少しずつ与えるのがいい。たとえば、ベースアップを五年に一度ドンと上げるのでは効果が薄い。少しずつでも毎年アップしていくべきなのだ。恩恵は回数の多いほうが楽しめるからだ。受けるほうを考えれば当然のこととわかるはず。

世の中、誰が、いつ、どのタイミングで敵や味方になるかわからない。それが現実である。したがって絶妙な距離感を保ち続けながら、恩恵は小出しで与え続け、敵となったら相手が戦意喪失するくらいまで徹底的に叩く。

つまらない情にほだされるのがいちばんよくない。

・中途半端はマイナスでしかない

命を捨てる「覚悟」なら怖いものなし

そんな気持ちになれるほどのことを経験できれば、ある意味で、人間としては幸福かもしれないが……。

こいつのためなら命を捨ててもいい――。

そんな存在が、あなたにあるだろうか。もしあるなら、その気持ちを大切にすべきだ。

江戸時代、武士が尊敬されたのは、幼い頃からいつでも命を捨てる覚悟を教育されていたからだ。山本常朝の『葉隠』の一節、「武士道とは死ぬことと見つけたり」は、決して伊達ではなかった。

いまの時代は「命」が重いから、真面目な人ほど、なかなかこういう考え方ができない。自分の命を懸けるには、どれほどのものが必要かで迷ってしまう。

だが、なかには「この女のためなら死んでもいい」と考える男もいる。軽すぎると思うかもしれないが、命を捨てる対象は何でもいい。

大切なのは、人間としての「覚悟」なのである。

特攻隊の志願兵は、国のために命を捧げたと世間では思っているかもしれないが、自分の親や愛する人のことを思って死んでいった者も少なくない。そう考えれば、対象にこだわることはない。

有名な哲学者のバートランド・ラッセルといえば二〇世紀の代表的知性だ。第二次世界大戦後、あのアインシュタインとともに核廃絶を訴えた『ラッセル＝アインシュタインイシュタイン宣言』で知られる。そんなラッセルだが、私生活では、実にくだらないことに自分の命を懸けている。

夫婦生活が破綻しているのに、奥さんが意地を張って別れてくれない。ラッセル卿は女に目がなく、あるとき友人の奥さんに手を出した。それだけですめばよかったが、すっかり不倫相手に夢中になって結婚まで考えた。

このことを知った奥さんは激怒して、裁判に訴えると息巻いた。上流階級では秘密が守られるが、裁判沙汰になれば世間にバレてしまう。困ったラッセル卿は、奥さんにこう宣言した。

「君は、絶対に裁判でこの件を訴えることはできない。なぜなら、君が裁判に訴えるとき、私はもうこの世にいないからだ」

偉そうに言っているが、要するに「訴えるなら、僕死んじゃうからね」と自殺をほのめかしたのだ。これが効いて奥さんは訴えを取りやめたが、肝心の人妻のほうがラッセル卿をフッてしまったと伝えられている。

何ともしまらない話だが、男というのは、こんなバカげたことでも、自分の命を懸けてしまうところがある。

では、女はどうか。女でも、こんな人物がいる。

勝海舟の母親の「のぶ」という人である。旗本・御家人だった海舟の父・勝夢酔は、放蕩無頼の遊び人で、あるとき武家の妻女に一目惚れ。そのことをのぶに告げると、「私がもらい受けて来てあげましょう」と言って、遺書を書き、懐刀一本を携え先方に出かけようとした。

夢酔があわてて止めて事なきを得たが、決して駆け引きではなく、交渉決裂のときは本気で自害する覚悟だったという。海舟はこういうすさまじい親に育てられたので、あのような胆力のある人間になれたのだろう。徳川幕府方の人間として官軍の雄である西郷隆盛と渡り合い、江戸城の無血開城を成し遂げた。まさに胆力が求められる局面での交渉をまとめ上げたのも、そうした母のもとで育ったことと無縁ではあるまい。

江戸末期になっても、武家の世界では、女でもこんなふうに命を捨てる覚悟をもっていたのだ。

いまの世の中、命を捨てるまでしなくてもいい。人生の中で絶対にここだけは譲れないというときがある。そうしたときほど「覚悟」が局面を打開するものだということを忘れないでいてもらいたい。それも生半可な覚悟ではいけない。ここぞというときに死を懸けるくらいの「覚悟」を持って生きるほうが、人生はより充実するだろう。

ときに命を捨てる覚悟の開き直りも必要なことがあるのだ。
日本人は、もう少し命がけの覚悟をもって生きるべきではないか。

・覚悟が非情に生きる極意である

第4章
決断に情けはいらない

相手のミスも自分のプラスになる

勝負とはつねに残酷なもの。勝つためにはやさしさを捨てなければならないこともある。脱落したくなければ、ときに非情でなければならない。

相手の失敗、つまり敵失も自分のプラスにしないと勝ち残れない。
実力差のある者同士の勝負は、最初から結論が決まっているからいいが、実力が拮抗している者同士の勝負は、たった一度のミスが命取りになるからだ。最近では、テニスの錦織圭選手がそうだった。それゆえ勝つために相手のミスを期待するのは無理もない。将棋や碁を見ていれば、それがよくわかる。強い者はそうやって伸びていく。

ミスは、なぜ生じるか。ミスしたとき、反省してみるとよくわかるのだが、冷静さを欠くことも原因の一つになる、冷静さを欠くのは、自分の弱さでもある。つまり、人が往々にして志を果たせないのは、他人に勝てないからではなく、自分自身の弱さに打ち勝てないからだ。なぜ、人は自分の弱さを克服できないのか。

こういう話がある。友人の親が亡くなった。いちばんの親友にも連絡が入ったが、彼はその葬式に来なかった。

共通の友人の一人は、葬式に来なかった親友を次のように批判した。

「本当ならいちばんに駆けつけていいはずの男が、なしのツブテとは見損なった。そんな冷たい奴とは思わなかった」

他人に対するこういう批判は、よくあるケースだろう。おそらくは学生時代の仲よし三人組で、人間の生死についても議論し合い、批判された彼は、そういうときにはいちばんで駆けつけるタイプだったに違いない。

だが、その場合、友人の親の葬儀に出ないからといって、批判されるいわれはないともいえる。むしろ批判した友人は、まだ学生気分が抜けない甘い人間なのかもしれない。

社会人になれば、競争という人生ゲームに参加したようなもの。いつ、いかなるときでも簡単に勝負を降りるわけにはいかない。自分のスケジュールに書かれていない「他人の死」に、余裕がないのも無理はない。

無二の親友が死んだのならともかく、その親の葬式は、彼にはほとんど関係のない出来事といえる。それを「冷たい」などと非難する人がいたら、非難するほうが間違っている。第一、その友人の側にどんな事情があったかもわからない。

世の中はそんなに甘くないが、「非情なタイプにはなりたくない」と考える人がいるのも当然だ。温かい人間性が大切だと思うからだろう。だが、そういう人でも、毎日が厳しい競争社会に入ったらどんな態度を取るか。

当然、駆け引きもするし、相手の弱みにもつけ込むだろう。必死になって勝負に勝とうとするはずだ。どんなに他愛のないゲームでも、それに参加すると、人はなぜか勝とうとする。それが人間の性なのだ。

麻雀でも何でも、勝負事を経験した人ならわかるはず。まして、人生の勝負は本番中の本番。社会人になるということは、いきなり決勝戦に参加しているようなものである。

「剣をとって向かうときは親もなく子もなく、弟子も師匠もない。入魂の友だちとても、試合とあらば、不倶戴天の敵と心得て立ち会う」

この言葉は、『大菩薩峠』（中里介山著）の中で机龍之助がつぶやくセリフだが、世に出る人間は、こういう心構えで毎日を生きている。そうでないと競争社会の中で脱落してしまうからだ。

相手に甘ったるい思いやりなどを見せていては、勝負に勝てない。

勝ちたければ、相手を叩く。

勝負とは、そういうものだ。人生の勝負は、否応なく表舞台に引っ張り出されたようなものだが、強く生きるとはそういうことなのだ。

・勝負に思いやりは必要ない

冷徹な人ほど礼儀をわきまえている

慇懃な物腰に柔和な表情。けれども、それとは裏腹にドライな決断ができる人間こそが、結果を残す。

礼儀一つですべてが決まる。これほど怖いものはない。人間とのつきあいでいちばん大切なことだ。

世の中は礼儀をわきまえているだけで、あとはどんな中身の人間だったとしても一人前に渡っていけるということだ。

腹の底で何を考え、裏でどんな悪いことをしていても、どんな場合でも礼儀さえ守っていれば、世間ではよい人、立派な人で通ってしまう。善良と思っていた人、頼りがいがあると期待していた人が、いざというときに手のひら返しで冷たい態度を取るのは、その人の本性が現れたにすぎない。

「人は見かけによらない」というが、あながち間違いではない。

冷静に見える人間も必死に自分の感情を抑えているときがある。腹が立っても人前では決して怒らない。対人関係は自分の思いどおりにならないことを腹にすえている。したがって相手につけ入るスキを与えないためにも、礼儀をわきまえているのだ。

服装、言葉遣い、挨拶、笑顔——。

何とか流の難しい作法はいらないが、誰が見ても「この人なら安心できる」という礼儀をわきまえた人間であること。これが、結果を出す人の生き方のイロハである。

たとえば、相手と接するときにはどうするか。頼まれ事を断ることだったり、努力を認めつつも厳しく叱ることもあるだろう。状況はさまざまだ。

そんなときも、とにかく礼儀を尽くす。

かりにあなたが総務部の人事担当だったとする。そこでベテランの社員に系列会社への出向を打診しなければならない事態が発生したとしよう。相手はどう考えてもスンナリとは受け入れてくれそうもない。かなり腹を立てている様子だ。もしかすると、組合を巻き込んで闘うかもしれない。

もっとしたたかな相手であれば、話し合いの席では、胸のポケットにＩＣレコーダーを忍ばせているかもしれない。

こういう立場に置かれたとき、ふつう「対応が大変だ」と思うだろう。だが、かならずしもそんなことはない。これらのことは、すべて礼儀作法の問題で片がつくかもしれないのだ。早い話が、あなたが頭の中でまったく別のことを考えていても大丈夫。

この手の作業は、機械的に淡々と行うのがいちばんいいからだ。

下手に多言を弄して、優柔不断な対応をすると、相手に誤ったメッセージを与えてしまう。

「出向」という決まった事項を冷静にきちんと伝える。ただしそのときに、親会社では不安なのだからと礼儀を欠くような態度、言い方は慎むこと。それだけでいい。あとは相手がその事実をどう受け止め、対処するかだ。

「二つの平和な暴力がある。法律と礼儀作法がそれである」

文豪ゲーテの言葉である。

礼儀とは、使い方一つで強力な武器となる。そのことをきちんと理解しておくだけで勝負はより有利となる。

・礼儀も使い方で武器になる

ピンチのときほど冷静さを保つ

成功を勝ち取る人間は、最悪のシミュレーションをイメージできる。ときに超悲観的にものを考える。だから、慌てることがない。


ある実業家の話。自宅が火事を起こして、家人からその連絡が入った。

そのとき実業家が最初に言った言葉は、こうだった。

「ご近所に迷惑はかからなかったか？」

「はい、自宅だけです」

「それはよかった」

これくらいの冷静さが保てる人間なら、本物の生き方ができる。

気が動転して慌てふためくのは論外だが、どこまで燃えたとか、何々は無事だったかと言い出すようでは、まだまだ未熟なのだ。

物事に動じないで、胆をすえて生きたいと思いながら、なかなかできないでいる人は、ピンチのとき、自分がどんな態度を取るか見直してみるといい。自分が動じないで生きられるタイプか、そうでないかがよくわかる。

では、いったいどうすれば、冷静な対応ができるか。

ポイントはシミュレーションにある。

起こりうる最悪の事態を想定しておけばいいのだ。

取引先が契約を破棄してきたら、信じていた仲間が裏切ったら、相手が嘘をついていたら、などなど。

ある経営者は「部下を叱るのに二時間は考える」と言っていた。

ワンマン経営者は気まぐれで、風向きによって突然怒り出すこともあると思っていたら、とんでもない間違いだ。できる人ほど用意周到に頭の中でシミュレーションしている。

「ピンチのときほど冷静さを保て」と人は言い、言われたほうも「わかりました。肝に銘じます」などと言うが、それで終わっていたら、何の足しにもならない。実際に事が起きたら、慌てふためく人間がどれほど多いことか。

真に胆のすわった人は目の前の出来事を冷静に判断する。楽観的にも、あるいは悲観的にもならない。失敗しても、何かを得られればよしとする。割り切っているように見えるかもしれないが、それはつねに最悪の事態を想定しているからでもある。

「ピンチがチャンス」という言葉は誰でも知っているが、実感した人はそう多くないだろう。ピンチに遭遇したら、こう思えばいいのだ。

「これは、格好のシミュレーションの機会が訪れた」

最悪の事態とはいつも突発的に起こる。防災訓練ではないが、だからこそつねに想定してシミュレーションをしておく。それができなければ、とても冷静な対応などできるはずがない。

別の見方をすれば、ピンチを乗り切ることを難しくしているのは、どんなピンチであるかどうかではなく、自分の心理的な動揺かもしれないのだ。

「あなたが出会う最悪の敵は、いつもあなた自身である」

ニーチェの言葉である。

愚者は慌てるが、賢者はいたって冷静。強い人間ほどそれを心得ている。

・ピンチに愚者はただ慌てるだけ

どうせなら偽悪者を装ってみる

偽善が大手を振って歩いている。人間の本質を知るためには、「いい人」が本当に正しいのかを疑ってみてもいい。

ときに男には、女に対して悪ぶって見せようとする気持ちがある。殴り合いのケンカなどしたこともないのにやったとか、不良でもないのに「昔、警察のお世話になった」とか。とかく男は、そんな「悪」を装いたがる。

そういう意外性を強調することで、自分のキャラクターに陰影をつけようとする。なぜなら、女性は真面目ひと筋の人間よりも、意外性のある男に惹かれるからだ。

必要以上にワルぶる「偽悪」には、つまらないことを自慢したがる幼児っぽいところが感じられ、その子どもっぽさが好ましい印象を与えることもある。だが、偽悪の反対である「偽善」のほうは、かなり問題のある態度だ。

偽善者とは、本当はそうではないのに必要以上に善人ぶることだ。

以前は、世間の厳しい目が偽善者を見抜き、「あいつは、あんなことを言っているが偽善者なんだ」と指摘する人が少なからずいた。

ところが、最近はそういう会話が少なくなった。

なぜなのか。世の中全体に偽善が行き渡り、本物の善人と偽善者の区別がつかなくなったからではないかと思う。ネットでわざと偽善ぶりを披露したり。そんなテクニックがネット社会で流布したりするからだ。

私の印象では、「あいつは偽善者」という言葉がよく使われた時代は、本物の善人が多かった。

ところが、いまは違う。偽善者が増えている。右利きが多い世界で、わざわざ「あいつは右利きだよ」とは言わないように、偽善者が増えてしまったために「あいつは偽善者だ」という声が聞かれなくなってしまったのではないか。これは好ましいことではない。

「弱者にやさしい社会を目指す」

新聞から拾った見出しだが、こんなスローガンをもち出されたら、文句のつけようがない。もし、偽善ではないかといえば「あなたは弱者のことを考えないのか」などと白い目で見られるだろう。そういう傾向が増えているのではないか。

すっかりおなじみになった「愛は地球を救う」というコピーがある。

私はこの手のキャッチフレーズも好きではない。何を言いたいのかよくわからない。ただ何か格好いいことを「言ってみただけ」という印象を受ける。

こういう偽善的な言葉を垂れ流して、善意の人からお金を集め、そのお金がどうなったかも不明。当然、便乗して一稼ぎする人間も現れる。

街角で「東日本大震災の被災者のためにご協力ください」と叫んでいるボランティアにも、本物と偽物があるそうだ。あのときの、莫大な基金がどう使われたのかも、はっきりしていない。私たちには見分けがつかないのだから、そういう話を聞かされると、募金するのがイヤになる。

また、貧困ビジネスというのも流行っている。わずかな年金を頼りに生きている高齢者の面倒を見るという名目で、虎の子の年金を巻き上げる悪徳ビジネスだ。

相田みつを氏に「親切という名のおせっかい、そっとしておく思いやり、慈善という名の巧妙な偽善」という言葉がある。

いまの世の中は、まさに「慈善という名の巧妙な偽善」があふれ、「やさしさ」を売り物にする商売まである。人にやさしい、地球にやさしいなどなど、もううんざりだ。

当たり前だが、弱者を思いやることに反対する人などいない。

だが、みんなで大合唱しながら、裏ではこっそり私腹を肥やしている輩も少なくないという。同じ装うのなら、偽悪を装ったほうが、まだマシな気がする。

・巧妙な偽善があふれている

理屈抜きに「ダメなものはダメ」といえるか

本当に自己主張ができる人は、まわりがどう反応しようが、「NO」の宣言をためらわない。まわりから敬遠されてもめげることもない。

「人の一生は重き荷を背負いて、遠き道をゆくが如し」

徳川家康の遺訓としてよく知られたこの言葉。あらためて味わってみる人は少ないのではないか。人は誰でも生まれながらの荷を背負っている。なのに、ダメと言えないばかりに、余計な荷物を背負わされてはたまったものではない。

「ダメなものはダメ」とはっきり言うべきだ。

それが人生で余計な荷物を背負わされないコツでもある。

とはいえ、そう言える人は、それほど多くはない。

ダメとはっきり言える人間には、相手も身構えて、無理なことは言ってこない。だが、言えない人は使い勝手がいいので、何かと理由をつけては利用しようとするものだ。

たとえば、心配りに欠けた上司などは、新婚早々の人間にも「残業をやれ」と言うだろう。そんなときは、「今日はダメです。いまは新婚ですから」とでも言ってみればいい。

はじめはムッとされるかもしれないが、少なくとも上司に都合よく使われることはなくなる。それが利口に生きる第一歩になる。

こういうことが言えない人間は、はじめから敗北している。その勇気がなければ、他人のつまらない荷物を背負わされる。気の進まないことは断っていいし、できないことはできないと、はっきり言うべきである。

仕事というのは、イヤイヤやってもいい結果は出ない。いつもどっちつかずの態度では、「優柔不断な奴」と逆に評価を下げる。曖昧な態度で得することもなくはないが、多くの場合、不利益をもたらす。いまは、そんな時代である。

二〇一四年に亡くなった政治家の土井たか子さんは、「ダメなものはダメ」発言で話題になった人だ。彼女が一貫して存在感を示したのは、日本人がなかなか口にできなかったことを言ったのが大きい。

かつて、石原慎太郎氏とソニーの盛田昭夫氏の共著『「NO」と言える日本』がベストセラーになったことがある。

あまり知られていないが、当時は英語訳のコピーが米国議会で配られ、自己主張の少ない日本にもこんな人間がいたのか、と注目されたものだ。

たとえ、自分たちの意に沿わなくても、物事をはっきり言える人間を、欧米社会は「できる奴」と見る傾向が強い。イエス、ノーかはっきりした社会だからである。それができない人間は疎外される。

グローバル化したビジネス社会で、ものをはっきり言わないことが、どれだけマイナスか、これらの例からも明らかだろう。

最近、若い社員の中には、ひと頃減った「指示待ち族」がまた増えてきているようだ。

厳しい雇用環境のもと、「ミスだけはしない」という気持ちが強いのだろう。言われたことだけをそつなくこなしていれば、たしかに無難ではある。だが無難な人間に、いったいどれほどの価値があるか。そこを考えてほしい。

はっきりダメと言う人間は、ふつうは敬遠されがちかもしれない。無能な上司なら、そういう判断をする。

だが、有能な上司であるほど、そんな人間を高く評価するものだ。

・曖昧な態度は評価を下げる

朝令暮改を恐れてはいけない

何が正解かは、刻一刻と変化する。「どんなときにも、オレはブレない」という人間は「オレはバカだ」といっているに等しい。


「それは困ります！」

昨日指示したことを翌日に改めると、必ずこんな文句を言い出す部下がいる。

だが、変えたほうがいいと思うことなら、朝令暮改を恐れず、周囲から批判されても、平然とやるくらいの肝っ玉を持つべきである。

何かを言われてすぐに弁解したり、言い訳するのは自信がないからだ。

自信がない上司に部下はついてこない。批判されても、黙って知らん顔しているくらいの図太さが必要である。

後悔しているのに「言ってしまったことだから仕方がない」と撤回しないことがあるが、それではときに気の弱い上司と見られる。だが、ことわざにあるように「過ちを改むるに憚ることなかれ」である。

自分の指示や命令が「当てにならない」と、ネガティブに受け止められるのを心配する場合は、次のように考えればいい。

「大きな方針はやたら変えるべきではない。しかし、細かいことはどんどん変えていくほうがいい」

細かいところを変えていくから、その結果、頻繁に変更が生じ、場合によっては朝決めたことを午後には変更することも起こりうる。別に不思議でも何でもない。これを臨機応変というのだ。

いまのようなスピードが求められる時代、または技術革新によって変化が著しい時代は、

「もう始めちゃったんです」「いままでの努力が水の泡になります」と言われても、「変更する。命令どおりにしろ」でいいのである。

たしかに、そんな上司は反感を買うかもしれないが、物事に固執するほうが失敗する確率は高い。杓子定規のやり方は通用しないのだ。

たとえば、災害対応のことを考えてみればいい。事態は時々刻々と変化する。つねにいくつかの選択肢を用意し、臨機応変に行動しなくてはならない。マニュアルどおりにやっていては、大事故につながることもある。

仕事も災害対応と大した違いはない。むしろ、いまは仕事のほうが変化は激しい。現代では、変化に強くなければ生き残っていけないのだ。

「いままでの努力が水の泡？　それがどうした」と乱暴なことが平気で言えるような上司が頼もしい上司、ついていける上司として尊敬される。

一度決めたら、容易に認識を変えず「俺はブレない」などと言っているようでは、時代に取り残される。ブレるときはブレたほうがいい。時と場合なのである。

部下のほうも、上司の朝令暮改に備えているくらいの気構えと準備が必要だ。そうでなければ、伸びるビジネスマンにはなれない。

「成功は一日で捨て去れ」

ユニクロの柳井正氏の言葉だ。まさしく朝令暮改の発想である。

彼はかつて野菜をネット販売して失敗したが、引き際が早かった。朝令暮改が躊躇なくできる人間が、現代ではもっともリーダーにふさわしいのだ。

・どんな変化にもすぐ対応せよ

「中小企業の一つや二つ……」は正しい

好むと好まざるとにかかわらず、世の中は非情の論理で動いている。それを受け入れなければ、成功は得られない。

学歴のない人間の前で学歴の話をする。恋人ができない人間の前で恋愛談義をする。本人がそのことにコンプレックスを抱いていなければ平気だが、そうでない場合は不快な気持ちになるのは当然だ。

人は自分にとって不都合な真実を突かれると、アタマにくる。

個人でも集団でも、同じである。

「あなたのためを思って言うのだから、悪く受け取らないでね」

こんな前置きから始まる忠告は、一〇〇％悪く受け取られる。不都合な真実だから、そう思われても仕方がない。

言う側の誠意よりも、指摘された不快さのほうが先に立ってしまうのだ。

人は他人の言葉を正しく聞くより、自分の聞きたいように聞く傾向がある。つまり、とかく曲解、誤解するということ。

昔、大蔵大臣を務めていた池田勇人氏が、「貧乏人は麦を食え」と答弁して大騒ぎになったことがある。マスコミがそう伝えて、人々の怒りを買ったのだが、事実は違った。あることを説明する流れの中で、「所得の少ない人は麦を多く食べ……」と言ったのが、そのように曲解されたのである。

池田氏にはもう一つ、歴史に残る失言がある。通産大臣時代に言った「中小企業の一つや二つ潰れても、社長が自殺してもやむを得ない」というものだ。この発言のときは、大臣を辞任させられている。

政治家のこの種の失言はいまでも話題になる。残酷な言い方になるが、世の現実は、貧乏人が麦飯を食わざるを得ない、不景気なら中小企業は潰れるという側面があることも否定できないだろう。

ただ、どれも不都合な真実なので、この種の発言に人々が怒るのも無理はない。

では、どうしても相手に不都合な真実を言わなければならないような場合は、どうすればいいか。

いちばんいいのはワンクッションを置くことだ。ストレートな言葉で伝えず、間接的に相手に悟らせるのだ。あからさまに指摘して、相手を不快にする必要はない。無用な反感を買うだけである。

「そのやり方だと揉めないでしょうか」

「こんなトラブルは避けたいですよね」

疑問や自戒を込めれば直接的には聞こえない。もちろん、その場でストレートには言わないのだから理解に時間はかかるかもしれない。だが、あとで「あっ、あの人は私にこういうことを言いたかったんだ」と相手が悟れば、次からはこちらの言うことにも注意を向けるようになる。

せっかちな人は我慢できず、すぐに「お前はこうだから……」というような言い方をする。このやり方では不用意に敵をつくってしまう。忠告するときは、直接言うより相手に悟らせる方法が効果的と覚えておきたい。

・不都合な真実は相手に悟らせる

第5章 モテる男女は冷徹である

愛は幻想、人には惚れるだけでいい

「愛」を万人にきちんと説明できる日本人を私は知らない。そんな曖昧な言葉はどうでもよくないか?

愛の語源を知っているだろうか。現在、私たちが「愛、愛」と言っているのは、明治以後の翻訳語としての「愛」である。日本語では古くから「愛でる」といい、可愛がることを意味した。「花を愛でる」といったいい方もある。

私はこの年になっても、いまだに愛というものがよくわからない。何をもって愛というのか。私にとって男女間の恋愛感情は「惚れる」であって、愛とは違う気がするのだ。
子どもを愛する
親を愛する
妻を愛する
恋人を愛する
ペットを愛する
会社を愛する
国を愛する
人類を愛する
これらの愛がすべて同じだとは、とても思えない。同列にはできないのではないか。
要するに、「愛」という言葉は漠然としている。キリスト教では、愛には「ラブ」と「アガペー」の二つがある。神が人間を愛する普遍的な愛はアガペー、妻や恋人を愛するのはラブだという。
では、ペットを愛するのは何か。まさかラブではあるまい。アガペーもピンとこない。

私にとってペットは「可愛い存在」である。

親はどうか。親への愛は、尊敬や感謝を伴った敬意の感情だ。「愛する」とは、どこかずれた感覚がある。会社を愛するとか仕事を愛するのは、「好き」「愛でる」という感情に近い。

いまどきの若い恋人の間では、どんな会話が交わされているのだろうか。「私を愛してる？」「もちろん、死ぬほど愛してるよ」といった会話が何の疑問もなく交わされ、双方が納得しているのかもしれないが、私にとって女は「愛してる」より「惚れる」がいちばんピッタリくる。女の場合も同様ではないか。

要するに、愛周辺の感情を、すべて「愛」でくくっているが、中身はそれぞれ違っているのだと思う。だから、愛をめぐるトラブルが絶えない。

「愛してるって言ったじゃない」

「言ったさ。いまだって同じだ」

「じゃあ、何で浮気するの？」

両者の間で「愛」の用法に差があるからだろう。精神的な愛と肉体的な愛では、男と女で違った考え方をする。愛の意味は広く、何とでも解釈できるものではないかという気がする。曖昧な感覚、なのだ。

こんなことをいうと、「愛することがわかっていない人」と言われそうだが、さまざまな解釈ができるのが「愛」ではないかと思う。日本人には、男女間は愛よりも「惚れる」「惚れられた」のほうがピッタリくる。「女に惚れる」「男に惚れる」「仕事に惚れる」「〇〇に惚れる」で十分ではないか。子どもやペットは「愛でる」「慈しむ」でいい。

古くからの日本語には、いまは「愛」のひと言でくくられてしまった感情を、もっと適切に表す言葉がたくさんある。日本語表現の多彩さを、もっと生かすべきだろう。何でもかんでも「愛」を多用、乱用するのは考えものではないか。

たしかに歌の世界などでは、愛は頻繁に登場するが、実際のところ、多くの日本人は現実生活の中でほとんど愛という言葉を使ったことがないのではないか。意地悪な見方をすれば、日本では、愛という言葉がやたらと交わされる男女関係は、どこかウソ臭さが漂ってはいないだろうか。

「仲間の愛で育った子は、世界に愛を見つけます」

外国の有名な教育者の言葉だが、私にはピンとこない。なんと空々しい物言いだと思うだけだ。こういう空虚な言葉をありがたがる傾向が、最近は多いのではないか。

日本人にとって愛とは何か。ちなみに仏教では、愛は「愛欲」で使われることが多く、否定的な意味を持っている。

•「愛」の感情はそれぞれ違う

嘘は「やさしさのため」だけに使え

世の中にはいい嘘と悪い嘘がある。嘘をつかれたほうが、真実を告げられるよりも幸福でいられることがある。

男と女は嘘と真実を織り交ぜながら生きている。

人は多くの場合、自分の利益のために嘘をつく。したがって、「嘘も方便」なのはたしか。では、どんな嘘のつき方がいいのか。

こんな話がある。

病身の妻を残して戦場へ行った男が負傷し、野戦病院のベッドで死の床にあった。そこへ、妻が死んだという知らせが入る。係の者がベッドへ行くと、妻の死をまだ知らない男は、「妻にこれを渡してくれ」と遺品を差し出した。

さて、あなただったら何と答えるだろうか。

「お前の奥さんは亡くなったようだ。いま、そういう報せが入った」

この場面で、そう言えるだろうか。理想は「よし、わかった。必ず奥さんに届けるから心配するな」というのがふつうだろう。ただ、これには異説があって、「奥さんは先に逝って、お前を待っている」と言ったほうがよいという考え方もあるそうだ。

前者は嘘、後者は真実を伝えよ、ということだ。

では、私だったらどうするか。きっと嘘をとる。男の望みは何か。

妻には「生きてほしい」という望みなのだ。たとえ死ぬ間際でも、そう思っている男に妻の死を知らせたら、落胆する。絶望するだろう。

ふだん嘘をつかない人間がギリギリのところで嘘をつく。

これは嘘と思われない。信用をなくすことなく嘘がつける。

このように嘘はつき方一つでその人の人間性が出る。相手を陥れる嘘に同情の余地はないが、誰かのためにつく嘘はこんなにもやさしいものなのだ。

そしてモテる人間ほど、こうしたやさしい嘘で異性との距離を縮める。

最後に、私が理想とする嘘のつき方を紹介しておこう。

「世間の男は女をモノにしようとするとき、自分の魅力をひけらかそうとするが、いちばんの近道は、その女がいかに魅力的かをほめ称えることだ。たとえ、まったくの嘘っ八であっても」

日本でもおなじみの弁護士「ペリー・メイスン」シリーズの作者E・S・ガードナーの言葉だ。

まさにこれこそ、やさしい嘘といえるだろう。

・モテる人間は「やさしい嘘」をつく

下心のない人間などいないと思え

「口にしない願望」は誰でも持っている。それを上手に使い、利用できれば、さまざまな恩恵を得られる。

男が女にアプローチすると、「下心がある」と受け取る女性がいる。

これは悪いクセだ。下心のある男もいれば、ない男もいるから、というのではない。人が人に近づくのは、何かしらの理由や目的があるからで、下心がないことなどあり得ないからである。

下心というのは、どこか悪いイメージが先行するが、言い換えれば「心の奥底に秘めた真意」ということ。別に非難されるいわれはない。

既婚上司が、若い独身女子社員を夜の食事に誘う。当然、下心もあるだろう。たまには若い女性と食事をしながら楽しいひとときを過ごしたいと、表面上は思っていても、心の奥底には「浮気したい」という気持ちが潜んでいる。

ただ、その下心をどういうプロセスを経て、どういう形で表すかは、男の品性にかかっているのだ。そのあたりを考えないで、「結婚しているのに」などと最初から男性を非難の目で見るのは間違っている。

イヤなら彼女が応じなければいいだけの話で、応じるとしたら、女のほうにも下心があるということ。「おいしいものが食べられる」という単純な理由から、あわよくば「彼とそういう関係になって、奥さんと別れてくれるかも」という都合のいい憶測まであるかもしれない。男女のつきあいとは、お互いに幅広い下心を抱えているものなのだ。

ネットでは、既婚の上司とつきあって「関係を迫られた」「つきあったら、すぐに捨てられた」と怒っている女性がよくいるが、あまりに幼すぎないか。

少しでも男女の世界がわかる女なら、男は簡単に奥さんを捨てられないだろうし、相手を離婚させて妻の座に収まるのはなかなか難しいことだとわかるはず。転んでもタダでは起きない方法を選ぶかもしれない。たとえば高価な宝石を買ってもらうとか。実際に、そういう女性はいくらでもいる。

世の中に、下心のない人間などいない。まずは、そのことをしっかりと理解すべきだ。人間は自分にメリットがなければ、人に恩恵を与えることはしない。下心を非難するのではなく、それをうまく利用するのが世の中を上手に渡るコツなのだ。

では、下心がある人間とどうつきあっていくべきか。

まず、相手に下心がありそうだからといってむやみに非難しないことだ。

いつも居酒屋程度ですませていた男が、ある日、高級レストランへ連れて行ったとしたら「何かある」と勘繰らなくてはならない。男の下心がわかっていながらついていくようでは女も同レベル。男を非難する資格はない。

「信頼していたのに裏切られました」

あとになって、こんなセリフを言うようでは情けない。

下心の対応策は、まず、他人の下心など気にせず、もっと自分の下心に素直になること。好ましいとひそかに思っている既婚上司が食事に誘ってきたら、相手の下心を忖度《そんたく》せず、自分の下心を見つめること。

そうすれば、相手の下心が「チャンス」に思えてくるはずである。

・相手の下心をチャンスにせよ

男女の仲はバクチと同じ

外れることもあれば、当たることもある。どう転ぶかわからない。
だから、男も女も夢中になる。

男女の仲は、本当にわからない。言うなれば、バクチのようなものだ。
性格が正反対だとしても距離が縮まるときはすぐに縮まるし、ダメであればどんな良縁だとしても結ばれない。だが、バクチのように勝ち負けの結果がすぐにわからないから、いっそうややこしくなる。

たとえば、モテない男はチャレンジ精神が足りないと言える。一、二度女性を誘ったくらいで断られると、すぐにあきらめて身を引いてしまう。方向転換して別の相手に向かうならまだしも、逆に自分そのものに劣等感を抱いて、女性に対して積極性を失ってしまうようでは困る。

人生だってバクチのようなものなのに、どうして男女の仲だけは消極的になるのか。もったいないと思う。

こういう男性に私ができるアドバイスは、「宝くじだって買わなければ永遠に当たらない」ということだ。ダメ元でアプローチして、何度も何度も断られ、それでもあきらめない精神を培うのが、モテ男になる唯一の方法である。

冷徹な男たちがモテるのには理由がある。彼らはモテない人間の何倍もフラれてきたからである。男はフラれた経験を積み重ねると、タフさが身につくと同時に、次第に余裕が生まれ、だんだんと男として魅力的になっていくのだ。

このことは、スポーツ競技が上達していく過程を考えればよくわかる。

サッカーでも野球でも、山ほど練習を積み重ねて、成功確率を高めていく。だが、その成功の裏には、数多くの失敗があるはずだ。スポーツ競技は最終的には勝つか負けるかの世界だが、男女の仲も同じで、数々の失敗があってこそ、その先に成功があるのだ。

恋多き女というのは、自分から好きな男にアプローチして、失敗を重ねながら自分好みの男を手に入れる。

だが、手に入れてしまうと飽きがくる。すると、一つのところに踏みとどまっていないで、次へと向かう。そうやって自分の人生を充実させていく。

大切なのは、いつもその世界で現役であることだ。すぐにあきらめてしまうのは、男でも女でも現役を引退したようなもの。入り口でつまずいて、すぐに現役引退では人生を生きたとは言えないだろう。

結婚して、そこを終着駅と思うのも甘い。たとえは悪いが、男女の関係はペットを飼うのと同じ。きちんと相手にエサをやり、体調を整えて面倒をみなければいけない。そうでないと、やがてパートナーの存在が重い負担となってくる。相手の存在が重くなってくるようでは、結婚生活が負担になり、やがて離婚への道にも通じるようになる。

勝ったと思ったバクチで、実は負けていたと思い知るのはそういうときだ。負けるのは、自分が油断してダメになることのほうが圧倒的に多い。このことを、しっかり頭に入れておく必要がある。

ただ、男女の恋愛でも結婚でも、本物のバクチと違うところが一つだけある。本物のバクチは、丁半博打も競馬も競輪も、ハズレ券はハズレ券でどうにもならないが、男女の仲のハズレ券は、努力次第で大アタリ券に反転できることである。

・めげていたら恋愛に成功できない

利害でつきあったほうがうまくいく

恋愛感情と損得勘定を足して、バランスよく考えてみればいい。ときには見て見ぬふりも必要だ。

仕事では合理的な考え方ができるのに、男女関係になると、目が見えなくなるタイプがいる。男女関係は利害関係を先に立ててつきあったほうが、結果はよい場合が多い。

恋愛がうまくいかない女性にありがちなパターンはこうなる。

男性の言うことを鵜呑みにして深く傷つく。「結婚しよう」と言われて体を許し、捨てられる。また、つきあっている既婚者に「妻と別れる」などと言われたら、本気にしないで、自分にそれだけの価値があるのかどうかを冷静に考えてみることだ。

男と女の間柄は、利害関係の上に成り立っているということをしっかりと理解しておくことが大切だ。人間の好き嫌いの感情は、接触回数に比例するから、お互いに顔を合わせることが多い職場や仕事先で恋は生まれやすい。

だが、人の心は恋愛感情と損得勘定の間でつねに揺れ動く。

その場合、男女の間柄を、純粋な恋心よりも利害関係で測ってみたほうが、自分が傷つかない賢い恋愛の仕方といえる。同時に、実りも大きい。

男女の恋愛は一種のバクチともいえるが、このバクチに勝つ方法はあるのだろうか。絶対とはいえないが、一つよい方法がある。それは「見て見ぬふり」をすることだ。

たとえば男という生き物は、火遊びが好きだ。

妻は絶対にそれを認めない。夫にその兆候を見つけると、たいていの妻は怒り出す。だが、もしあなたがこの妻の立場であるならば、ここで「見て見ぬふり」をしてみてはいかがか。

夫の火遊びは多くの場合、一時の気の迷いでもある。そういう性質のものを、わざわざほじくり返して白日の下にさらすからこじれるのだ。もし、火遊びではなく本気だったら、なおさら修復が効かなくなる。

本気の場合は妻の負けである。そのときは潔く負けを認めたほうがいい。負けているのに往生際が悪いと、その先の人生はもっと悪くなる。むしろ考え方を変えて、慰謝料をがっぽり請求するなどしたたかな判断をしたほうがいい。

「見て見ぬふり」の成功例を一つ挙げてみよう。

ロシアの文豪ドストエフスキーの妻は、まれに見る賢女として知られている。

彼女は、夫の賭博癖と浮気癖をまったく問題にしなかった。それどころか、ときにはそれをすすめた。なぜ、そんなことができたのか。

「いかに夫とはいえ、一人の人間の人生のすべてを、自分が独り占めすることなど無理」と悟りきっていたからだ。

彼女の態度は一貫している。「夫としての役割。父としての役割を果たしてくれれば、あとはどうでもいい」ということ。仕事をして家にお金を入れ、妻を女としても満足させ、子どもたちのよい父親であれば、あとは何も言わない。

これが「見て見ぬふり」という態度だ。結果は、どうなったか。

文豪はいつの間にか賭博を一切やらなくなり、仕事もきちんとして、夫と父親としての役割も十分に果たす品行方正な人格者に変身したのだ。

もちろん、みながみなそうなるとは限らない。彼の場合は、たまたまそうだっただけなのかもしれない。

だが、私に言わせれば、彼女が夫に求めたことは正しい。

男が家庭を維持し、妻を満足させ、父親としての役割をきちんと果たす以外に、何が必要だというのだろう。文豪は、妻に最大の賛辞の言葉を残して逝った。彼女は夫の記念館をつくり、回想記を書き、世間から賢夫人としてほめ称えられた。彼女は、結婚というバクチで大勝ちしたのだ。

これも一つの割り切った生き方である。

とくに夫婦のつきあいにおいては、大切なことだ。夫婦関係はただ惚れたただのハレただのでうまく続けられるほど甘いものではない。どんなに惚れて合っていようが、お互いの利害がぶつかりあってばかりでは、うまくいくはずがない。ときに、利害関係で測ってみての「見て見ぬふり」も大切なことなのである。それが賢い男女のつきあいなのかもしれない。

・「見て見ぬふり」を覚えよ

「死んでしまいたい」と言われたとき

いかに冷静でも「オレに何の関係がある?」は言ってはいけない。
ただ、話を聞いてあげるだけでいい。

女性から「私、死んでしまいたい」と言われて、「じゃあ、死んじゃえば」とはなかなか言えない。

たとえ思っていても「早まるな。生きていれば楽しいこともある」などと適当なことを言う。あるいは、慌てて相手のもとに駆けつけるかもしれない。

こういうことを言い出す側には、二通りのケースがある。

一つは、最初からそんな気はさらさらなく、甘ったれている場合。もう一つは、本気で死を決意している場合だ。受け止めるほうは、どちらかを瞬時に判断しなければならない。

『眠狂四郎』シリーズで知られる作家の柴田錬三郎氏に興味深いエピソードがある。女性から「死にたい」という電話を受けて「死にたければ死ねよ」と答えたそうだ。すると女性は、まもなく死んだという。

「寝覚めが悪かった」と氏はあとで述懐しているが、なぜ寝覚めが悪かったのか。それは、自分が「冷酷な男」と受け取られたかもしれないと思ったからだろう。

男の冷たさには、二通りの使い方がある。

人間らしい感情をもたない冷酷なタイプと、感情に左右されないタイプだ。人は努めて、後者になろうとする。柴田氏は彼女との応答で、本当は後者の人間なのに、人間らしい感情をもたない冷酷人間と思われたかもしれない。本人はそれが気になったのだ。

死にたいと思うほど追い詰められたとき、人はどんな助けが欲しいか。

きっと、話を聞いてくれる人だろう。気の利いた忠告などは一切いらない。ただ、自分の話を聞いてくれるだけでいいのだ。

しかし、できたら関わらないほうがいい。興味本位でつきあうとろくなことにならない。ちゃんとした人間は、他人に向かってやたらと「死にたい」などと言わないものだ。

この種のタイプは、多くの場合、甘ったれの人間である。

青木ヶ原や東尋坊など自殺の名所で人助けしている人によれば、付近をうろついているのは、死に場所を探している人ばかりではなく、助けを求めている人も少なくないという。

こんな場合、自殺をすべて止める必要はないと私は思っている。

自ら死んでいくのは、その人の自由意志だからだ。柴田氏の「死ねよ」は、おそらく半分は本音だったのだろう。「俺に何の関係があるのか」ということだ。

ただ、止めてくれるのを待っている人間にそれを言うのは酷かもしれない。また、どちらなのか見分けられない自分も情けない。

理不尽な死の危険が迫ったとき、誰もが「助けて」と言う。その観点から言えば、助けてあげるのが人間の自然の姿、行動と言うべきだろう。

さて、私が女性から「死んでしまいたい」と言われたら、どうするか。柴田氏のように言ってみたい誘惑にかられるが、結果的には「早まるなよ」と常識的なことを言うだろう。

ほとんどの人は、止めてくれることを期待していると思うからだ。

もちろん、女性とどういう関係なのかによって、それぞれ違ってくるのは当然のことである。

・下手な返事ができないときがある

第6章

利用できるものは大いに利用しろ

ギブ・アンド・テイクを受け入れれば楽になる

分け前でもめるのはみっともないが、ドライに考えて、お互いにそれぞれ得を取ればいい。価値がなくなったら別れればいい。

人から利用されることを嫌う人がいる。
どうしてか。利用されるのは、それなりに価値があると思われているからだろう。利用されっ放しでは頭にくるかもしれないが、これも考え方一つ。腹を立てているようでは、まだまだ了見が狭い。

どこの世界でも、利用されているようで、実は利用している人間が勝つ。はっきりしているのは、「もらってばかりで与えない」は通用しないということだ。

結果の出せる人間は、そうした道理をきちんと心得ている。

だからこそ人の扱い方がうまい。適材適所で上手に利用する。みんなを平等に扱うなどというのは、不可能なこと。一種の偽善である。無能な人間は無能なりに、有能な人間は有能なりに、その特徴を生かして大いに利用すべきだろう。

青色発光ダイオードの発明でノーベル賞を受賞した中村修二氏は、会社がその価値を認めてくれない環境でも研究を続けた。

研究費もろくに出してもらえず、自身で調達した場面もあったという。社内に協力者も少なく、むしろ、厄介者扱いされていた。会社の仕打ちは、かなり冷酷だったといえるだろう。

中村氏自身、「怒りが研究の原動力だった」と語っている。

だが、私はこの話を額面どおりには受け取れない。中村氏の立場からはそうかもしれないが、会社の側から見たらどうだったか。

変わり者の社員が、海のものとも山のものともわからない研究テーマに取り組んで、その度に「もっと金を出せ」と言う。経費もかなりかかっている。うちは大企業じゃない。そんなお金を出す余裕はもうない。いい加減にしてくれ——そんな気持ちではなかったか。中村氏の言い分はよくわかるが、同時に、会社も大変だっただろうと思う。会社はよく研究にストップをかけたり、彼をクビにしなかったものだ。

私に言わせれば、中村氏も、会社も、お互いをうまく利用したのだ。

その背景には、「この研究が成功したら、すごいことが起きる」という予感が双方にあったからだろう。結果的にはこの予感が当たって、中村氏はノーベル賞をもらう以前から脚光を浴び、会社も社員の大発明で大いに潤った。

中村氏は、会社から冷酷な仕打ちを浴びたからこそ、「何くそ、負けるものか」と頑張れた。会社が意図的にそうしたとは思えないが、この程度のことは会社と研究者の間ではよくあることだ。

発明が成功したあとの、分け前をめぐっての両者の争いはみっともないが、それまでの経緯はとくにめずらしいものではない。お互いが、相手に感謝すべきだろう。

「自分のお人好しがイヤになる。利用されやすい性格はどうすれば直りますか」

ネットには、こんな質問が寄せられる。人が利用しようと近づいてくるのは、どこかに見込みがあるからだ。そんな性格を「直したい」というのは、自ら成長の芽を摘んでいるようなものではないか。

・利用されることもよしとする

金持ちでいたいなら、ドライになれ

お金を誰かにあげたがる人間は金持ちではいられなくなる。情に流されていてはその地位は守れない。

お金をたくさん持つことを目的にする人がいる。一方で、お金を手段と考えて必要量さえあれば満足する人がいる。
どちらの生き方も悪くはない。ただ、金持ちになると、非情にならざるを得ない。気を許すと、ハエがたかるように人が寄ってくるからだ。

発展途上国へ行くと、物乞いが多いのに驚かされる。旅行客と見ると、裸同然の貧しい子どもたちが群がってくる。手足や目などに障がいを持った子たちも少なくない。こういう子たちを目の当たりにしたとき、あなたならどうするか。

「ワッ、汚くてイヤだな、早くこの場から逃れよう」

「気の毒に、どのくらいあげたらいいのかな」

お金をあげたくなるタイプは、金持ちになろうと思わないほうがいい。

お金をあげることより、自分に及ぶ災いが先に頭にくるようでなくては、金持ちになるには向いていない。

金持ちは非情だとか、冷酷だとかいわれるが、すべての金持ちがそうではない。立派な人格者の金持ちだっている。ただ、金持ちになるには、一定の冷徹さを持つ覚悟がいる。

金持ちであり続けるためには、無心に来るような人たちに、ときに冷たいと言われるような態度もとらなければならない。このことが、金持ちが悪くいわれる所以である。

何の関係もないのに、ただお金をくれという人たちを相手に断るのは当然といえる。

「お金持ちとは、お金を守ることに成功した人。一日に一〇回はノーを言った人である」

『悲しみよこんにちは』で知られるフランスの作家、フランソワーズ・サガンはそんなことを言っている。

一〇代の若さで大金持ちになりながら、大金持ちであり続けられなかった彼女の言葉は印象的だ。ドライにならないと、金持ちにはなれないし、金持ちであり続けることはできない。

彼女はそのことを自身の経験をもって私たちに見せてくれた。

昔から人はお金を欲しがってきたが、現代はそれが著しい。

それだけ、人生でお金の占める部分が大きくなったのだ。お金がなければ人生のほとんどが締め出されてしまう。だから、人は競って金持ちになろうとする。

しかし、大半の人は金持ちになれるタイプではない。なぜなら、ドライになりきれないからだ。とかく情に流れてしまう。

だが、大金持ちになれなくても、人生は決して失敗ではない。

「この世でもっとも幸福な人は、わずかなもので満足できる人である」という言葉もある。

唯一、人生を充実させながら、金持ちになる方法がある。

世の中にインパクトを与えることを成し遂げて成功することだ。

ホンダ創業者の本田宗一郎氏、ソニー創業者の井深大と盛田昭夫の両氏も「金持ちになりたい」と思って商売を始めたわけではない。マイクロ・ソフトの創業者ビル・ゲイツや、フェイスブックの創業者ザッカーバーグも、そうだろう。

現代では金持ちになりたいと思わないほうが、金持ちになりやすい。

しかし、なってからそれを維持するのは、容易ではない。人からとやかく言われるのは金持ちになってからであり、何事にもドライで生きていかないと金持ちではいられない。

とても自分には無理だと思ったら、金持ちになるのはあきらめたほうがいい。

・金持ちとはエゴイストでもある

「自分は人がよすぎる」と思っているなら

「冷たい」といわれることを恐れることはない！　他人の評価など、気にしていたら、結果など出せるわけがない。

どうも、自分は人がよすぎる。

口に出さなくても、そう思っている人は少なくないはず。もっと割り切らなければ、と思ってもなかなかなれない。なぜなのか、多くは他人の評判を気にしすぎなのだ。

そうなりたいのに、「そう言われたくない」と思うのは、ひどく矛盾している。おかしな話ではないか。他人のことをあれこれ言う人間だって、きちんと評価して言っているわけではない。自分が気に入らないと「冷たい奴だ」「薄情な人だ」などと言う。他人の言い草とは、自分を棚に上げた無責任な批判にすぎない。

「あんなドライな奴はいない」

自分の期待どおりに相手がしてくれなかったとき、人はよくこんな言い方をするが、そんな言葉は、滅多に使うものではない。

むしろ、ものがわかっていない人間ほど、そんな評価を下しがちだ。

他人に一生懸命してあげて、挙げ句の果てに悪く言われる人間も少なくない。いったい、なぜなのか。恨みや敵愾心は、相手への心ない行為ばかりではなく、相手のためを思ってしてあげた善行からも生まれるからである。

困っている友人にお金を貸した。今度はこちらが困ったので強く返済を迫ると、「守銭奴」「ケチ」などと罵られる。人間関係は、これに類することが実に多い。どちらが非情なのかと責めたくなる。

ドライに割り切りたければ、相手のドライさにも強くならなければいけない。他人に何を言われても、平気でいられる「しぶとさ」「図太さ」「寛容さ」を身につけたい。人から責められてオタオタするようでは、とうてい非情な人間になどなれるものではない。

ソフトバンクを一代で築いた孫正義氏。

あれだけの富を築きながら、日本の産業界では異端児でしかない。悪口も相当言われている。だが、彼は平気だ。絶えずのし上がる強い願望をもち、そうなるように行動し、見事にそうなっている。その意味では傑物である。

ユニクロを展開するファーストリテイリングの柳井正氏もそうだ。

「ブラック企業」などの批判的な言葉にも「カエルの面」のはず。いちいちつきあってはいられないと思っているかもしれない。

ひるがえって、自分はどうか。「冷たい奴」と他人から思われたくないばかりに、これまでどれだけ選択を誤り、チャンスを逃してきたか。一度、点検し直してみるといい。

子どもの頃、子犬を拾ってきて親から叱られ、捨ててこいと言われた経験のある人は、そのとき親の非情さを感じたはずだ。だが、大人になってみれば、それがいかに幼さゆえのものだったかがわかる。自然も含めて、この世界はもともと非情なのである。

そんな世の中で、社会的に一定の地位や居場所を確保するには、他人の評価を気にしすぎる必要はない。大切なのは、自分で自分をどう評価するかだ。他人が「バカだ」と評しても、その行為が自分の利になるなら「バカ」と言われても気にしないことだ。

評価を他人に求めすぎるのは、相手に依存することであり、それこそ相手の思うツボではないか。そんなことは、やめたほうがいい。負け犬ほどよく吠えたがる。

「人間は他人のことは評価できても、自分のことは案外わかりにくい。つねに的確な自己判断を心がけたい」

松下幸之助氏は、こう言っている。人が自分のことをどう思っているかなど、どうでもいいこと。人から「非情な奴!」と言われたら、自分が一つ進歩したと思えばいい。実際にも、そのとおりなのだから。

・他人のつまらない評価に縛られるな

どこまで「負けたふり」ができるか

結果を残す人は「負けの先にある勝ち」が見えている。

だから「オレの負けだ」といつでもいえる。


結果を出すように生きるには戦略が必要である。

戦略は戦術と違って、大きな視野が求められる。

たとえば、目先にとらわれない。小さなプライドは捨てる。勝負で負けそうになったら、あえて負けたふりをする。負けたふりとは、勝負に負けても、戦意を喪失せず、勝ちに貪欲であり続けることだ。

たとえば将棋で負けたとする。

「参りました」

あと何手か指せたとしても、敗北が明白であるときは投了する。投了は負けを認めることだが、負けたふりでもある。「次は負けないぞ」と思えばいいのだ。私が考える「負けたふり」とは、そういうことである。

負けず嫌いの人は、こうした「負けたふり」が苦手で悪あがきをするが、ここでジタバタするのはみっともない。一方、結果が出せる人間は冷静で先が読めるから、ムダな抵抗はせず潔く負けを認める。「次こそは！」という気持ちがあるから、自分では負けたふりのつもりでいられるのだ。

「臥薪嘗胆」という言葉を聞いたことがあるだろう。字面は難解だが、中身は単純。「薪の上に寝て（臥薪）、苦い肝を舐める（嘗胆）」という意味である。

呉と越が争ったとき、負けた呉王は息子に「絶対に復讐しろ」と言って死んだ。息子は父の気持ちを忘れないようにと、薪の上に寝て機会をうかがい、越を倒した。負けた越王は、熊の肝を舐め、悔しさを忘れずに再び呉をやっつけた。

どちらも一度は負けているが、次を考えているから負けたふりができたのだ。たくさんの競争や勝負に出会い、「勝ったり負けたり」が人生である。ずっと勝ち続けることなどできない。

だが、負けるのはみんなイヤだから粘る。粘って勝てればいいが、粘った挙げ句、しつこいからと徹底的に滅ぼされたら元も子もなくなる。

ならば、つまらないプライドはさっさと捨てて、次へ行くほうがいい。どこまで負けたふりができるかも、人生の大きな要素なのだ。

ある創業社長が、自身の発明品でヒットを飛ばした。ドヤ顔でいると、部下が改良して、別の用途で使えるようにした。社長は怒った。用途が気に入らなかったのだ。

「そんなことに使ってほしくない」

「でも、売れますよ」

売れると言われて、社長は販売を許可した。結果、ものすごいヒットにつながって会社を支えることになった。自分は部下に発明で負けた。そう思ってしまえば社長の負けだった。だが、社長は負けたふりをした。「売れるかもしれない」と販売を許したのがその証拠だ。

強権を使って販売させないこともできたが、負けたふりをして結果的には大きな利益を手中にした。

負けを認めるのは悔しいが、その先に勝ちがあるのであれば、負けたふりをしたほうが「いいこと」が多い。

・負けたふりもいいときがある

本当の気高い魂を養って生きたい

偽りのやさしさ、同情に惑わされずに生きてみないか。たとえ非情と言われようとも……。

いまどき「高貴さ」「気高さ」を説いたところで、どこ吹く風のように思うかもしれない。「何だ、それは?」といわれるかもしれない。ただ、これだけ世の中に低俗、下品、不寛容、自分勝手がはびこると、正反対の人間が恋しくなってくる。

世の中全体が低俗化したいまこそ、われわれ庶民も一度は「気高さとは何か」を考えてみる必要があるのではないか。

こうした傾向は、豊かさ、自由、平等、平和、民主主義などがもたらしたものといってよい。みんなが望んだよいものが、人間を低劣にしていく。困ったことだが、必然的な帰結でもある。

人間の中に、もともとそういう要素があるからだろう。

ニーチェが、それをうまい言葉で表現している。

「抑圧された者、圧迫された者、苦悩する者、自由でない者、自分自身に確信がもてない者、疲れ切った者たちが道徳を説くとき、共通点は何か。生存を楽にするのに役立つ特性が引き出される……ここでは同情、人助け、温かい心、勤勉、謙遜、親切などが尊敬される」

同情、人助け、温かい心、勤勉、謙遜、親切――これらはみんな「いいこと」とわれわれは感じているが、ニーチェはこれらを「奴隷の道徳」と呼んでいる。現代は情けないことに、奴隷道徳の世の中なのだ。低俗に走るはずである。

これに対して、「高貴な魂」とはどんなものか。

ニーチェによれば高貴な人間とは「自らの中にある力強いものを尊び、また自らを抑える力をもつ者、語ることと黙ることを心得ている者、喜びをもって自らに厳格と過酷を加え、かつすべての厳格なもの、過酷なものに敬意を払う者たち」である。

いまではすっかり忘れられている「気高さのすすめ」である。

西洋で発達した「ノブレス・オブリージュ」（強者の義務）といった考え方は、こういうものだ。気高さというものは、アットホームな環境にいるときより、非情、冷酷の世界にいるときに立ち現れることが多い。

フランス革命のとき、民衆暴動のきっかけになったマリー・アントワネットが「パンがなければお菓子を食べれば……」といったと伝えられている。本当はそんな発言はなかったともされるが、そう言われるほど民の心に疎かったのは事実だろう。

だが、そんな彼女も監獄に入れられると、短い歳月に急速に成長した。

断頭台に上がったときは、その立ち居振る舞いから最後の言葉まで、王家の人間にふさわしい誇り高いものだったという。

フランス革命は閉塞感に満ちた社会状況で、誰かが「われわれは変わらなければならない」と論文を書いたのが火付け役になったといわれている。王朝をぶち壊し、「自由・平等・博愛」を一枚看板に掲げたが、結果、王権顔負けの血で血を洗う権力闘争を繰り返し、やがてナポレオンが台頭した。

お題目がいくら立派でも、結果の是非は別問題である。

しかし、現代の自由主義圏は、再びフランス革命時に似た雰囲気になってきてはいないだろうか。同情や人助け、温かい心ばかりが尊敬され、非情さは否定される。

はたして、これはよいことか。

きれいごとをいくら並べても、そこに気高さがなければむなしいではないか。非情さを認めてこそ、高貴な精神はわれわれに宿ると私は言いたい。

・気高く生きるためにも非情であれ

川北義則 Yoshinori Kawakita

1935年生まれ。慶應義塾大学経済学部卒業後、東京スポーツ新聞社に入社。文化部長、出版部長を務める。同社退社後、1977年に㈱日本クリエート社を設立。出版プロデューサーとして、ミリオンセラーをはじめ数々のベストセラーを手がける。現在、出版プロデュースとともに、書籍、新聞、雑誌などでの執筆活動を展開。『男の品格』（PHP研究所）、『20代でやっておきたいこと』（三笠書房）、『大人の「男と女」のつきあい方』（KADOKAWA）、『孤独が一流の男をつくる』（アスコム）など著書多数。

＊本書は2015年2月15日にあさ出版より刊行された『非情が一流の男をつくる』を再編集、加筆したものです。

WAVEポケット・シリーズ3

結果を出す人は、なぜつきあいが悪いのか？

2017年1月31日　第1版第1刷発行

著　者　川北義則

発行者　玉越直人

発行所　WAVE出版

〒102-0074 東京都千代田区九段南4-7-15
TEL 03-3261-3713　FAX 03-3261-3823
振替 00100-7-366376
E-mail : info@wave-publishers.co.jp
http://www.wave-publishers.co.jp

印刷・製本　中央精版印刷

© Yoshinori Kawakita 2017 Printed In Japan

NDC335 191p 18cm　ISBN978-4-86621-031-5

落丁・乱丁本は小社送料負担にてお取り替えいたします。
本書の無断複写・複製・転載を禁じます。